Caleb Gattegno

Du bon sens
dans l'enseignement des langues étrangères

Duo Flumina

Caleb Gattegno

Du bon sens
dans l'enseignement des langues étrangères

Traduit de l'anglais
par Martine Poirson-Touchet

Duo Flumina

ISBN 978-0-9568755-3-2

Duo Flumina Ltd, 112 Warner Road, London SE5 9HQ, UK
info@duoflumina.com

Traduit de l'anglais : "The Common Sense Of Teaching Foreign Languages"

Publié en 1976 par Educational Solutions, New York ;
ensuite en 2010 par Educational Solutions Worldwide Inc.

Première impression de la traduction en français : 2022

Tous droits de traduction, d'adaptation et de reproduction réservés pour tous pays.

Toute reproduction ou représentations intégrales ou partielle, par quelque procédé que ce soit, des pages publiées dans le présent ouvrage, faite sans autorisation de l'éditeur est illicite et constitue une contrefaçon. Seules sont autorisées, d'une part, les reproductions strictement réservées à l'usage privé du copiste et non destinées à une utilisation collective et, d'autre part, les courtes citations justifiées par le caractère scientifique ou d'information de l'œuvre dans laquelle elles sont incorporées (art. l.122-4, L. 122-5 et L. 335-2 du code français de la propriété intellectuelle).

Imprimé par Books on Demand

Remerciements

Martine Poirson-Touchet remercie toutes les personnes ayant soutenu et accompagné ce projet de traduction et d'édition et tout particulièrement :

Roslyn Young, Piers Messum, Yoann Goudin, pour leur soutien, leurs conseils et leur collaboration éditoriale. Nous avons une pensée pleine de gratitude pour Glenys Hanson qui avait, en son temps, encouragé cette traduction.

Merci à la maison d'édition *Duo Flumina* pour son accueil dans sa collection.

Nous remercions M. Eaton Donald et les administrateurs d'*Educational Solutions Worldwide Inc.* pour leur autorisation de traduction.

Je remercie également pour leur contribution à la traduction : Julia Sadoux, Blandine Girard, Eric Lepoint, Sylvie Dunkan.

Pour les relectures : Denise Ferreri, Serge Ferreri, Blandine Girard, Eric Lepoint, Leila Merle, Marie-Laure Spaak, Roslyn Young, Piers Messum, Yoann Goudin.

Nous remercions l'équipe d'*Aster-Formation* pour ses encouragements et relectures ponctuelles.

Un grand merci à Philippe Dole, notre graphiste, de l'agence *Long.island* pour son professionnalisme, sa grande patience et adaptabilité (http://www.longisland.fr).

Enfin, merci à l'Association *AIME/Le Moutard* (https://www.lemoutard-expos.fr/catalogue) et surtout à son Président Frédéric Touchet pour son soutien concret et efficace dans ce projet au service de l'apprentissage et de l'éducation.

Préambule

Mise en perspective du Silent Way

Le Dr. Caleb Gattegno a commencé à développer « The Silent Way », (en français « La méthode silencieuse ») en avril 1954 et l'a poursuivie jusqu'à la fin de sa vie, en 1988. Gattegno a écrit trois livres pour décrire et expliquer cette approche.

1962 : « Teaching foreign languages in schools »

Dans ce livre, Gattegno présente Silent Way comme une solution aux défis de l'enseignement et de l'apprentissage des langues étrangères. Il explique comment optimiser l'apprentissage par la posture de l'enseignant et le choix des outils pédagogiques. Il donne de nombreux exemples pratiques montrant que les élèves peuvent apprendre une nouvelle langue sans répéter ce que dit le professeur. Au contraire, en apprenant à travers des situations linguistiques visibles et tangibles, les élèves peuvent acquérir des expériences pertinentes dans la nouvelle langue. Ce livre fût réimprimé aux Etats-Unis en 1972.

1976 : « The Common Sense of Teaching Foreign Languages », « Du bon sens dans l'enseignement des langues étrangères »

Ici, Gattegno approfondit l'approche en donnant comme exemples cinq langues d'où il extrait des principes transversaux qui permettent de cibler ce qu'il faut mettre en œuvre pour enseigner et apprendre une nouvelle langue. Il donne les notions de base pour créer les conditions et les outils nécessaires pour pratiquer cette approche. A partir de ces exemples, les enseignants de n'importe quelle langue du monde pourront préparer les outils nécessaires à l'apprentissage et pourront s'inspirer de la posture qu'il décrit.

1985 : « La Science de l'éducation - Chapitre 13 : L'apprentissage et l'enseignant des langues étrangères »

Trois ans avant sa mort, Gattegno a écrit le chapitre 13 de son œuvre magistrale « La science de l'éducation ». Il examine la globalité du domaine de l'apprentissage et de l'enseignement des langues. Le Chapitre 13 est consacré à la théorie qui sous-tend le Silent Way. Ce livre est paru comme tirage à part et il est disponible en français.

Autres ouvrages

Le Dr. Gattegno a publié 14 livres et de nombreux articles.

Ceux qui ont été publiés en anglais sont accessibles en ligne gratuitement sur le site https://**issuu.com**

Certaines traductions sont disponibles en japonais et en français. On peut les trouver sur les sites :

Duo Flumina
https://www.duoflumina.com

Une éducation pour demain
https://boutique.uepd.org/page/865603-accueil

De nouvelles publications et vidéos sont produites en permanence par les enseignants qui continuent à développer cette pratique.

Voir le **site** :
https://silentway.online

Voir la **chaîne Silent Way sur YouTube** :
https://www.youtube.com/channel/UC-ZAS7ksWJrKKLnZR_qskYw/videos

Note aux lecteurs

Lire pour être nourri et inspiré

Ce livre peut devenir un livre-compagnon pour les enseignants, les chercheurs, les didacticiens. L'approche *Silent Way*, ou *méthode silencieuse*, est avant tout une pratique. Le Pr. Gattegno nous donne ici des clés, un foisonnement de pistes de recherche et de travail. Lire Gattegno permet de nourrir sa pratique, de s'y entraîner, d'avoir une réflexion sur le rôle de l'enseignant et celui de l'apprenant, de se laisser inspirer.

Traduire

Le texte a été traduit au plus près de l'original par Martine Poirson-Touchet avec l'aide de Julia Sadoux, une Française et une Anglaise pratiquant le Silent Way ou s'en inspirant. Si une traduction peut laisser des maladresses, elle n'est jamais ni définitive ni suffisante. Le lecteur curieux saura compléter ses recherches par d'autres lectures et la visite des sites et vidéos indiqués dans le Préambule et la Bibliographie.

Interpréter ou adapter

Par choix éditorial, et sur le conseil de Roslyn Young, directrice des éditions *Duo Flumina*, éditrice de cet ouvrage, le chapitre 7, dont quelques pages étaient composées à partir du matériel en anglais, a été partiellement adapté et accompagné des nouveaux tableaux de mots en français dans leur version la plus récente. Cette légère adaptation vise à rendre ce livre utile immédiatement.

D'autre part, les annexes des précédentes éditions anglaises comportaient des exemples de phrases composées par le Dr Gattegno en différentes langues que nous n'avons pas publiées dans cette version française. Ceux qui le souhaitent pourront les trouver gratuitement en ligne sur le site de *issuu* (The Common Sense of Teaching Foreign Languages by Educational Solutions Worldwide Inc. - Issuu).

Commenter

Cette traduction s'accompagne de commentaires afin de s'adresser aussi bien aux enseignants, aux étudiants en didactique, qu'aux formateurs volontaires d'organismes caritatifs voulant enseigner notre langue aux milliers de personnes déplacées qui en ont un besoin vital.

Typographie

Au fil de ce livre, vous trouverez soit des notes de l'auteur lui-même, soit des commentaires des traducteurs. Ils seront indiqués par :

1- le picto « Note de l'auteur » : Ω

2- le picto « Commentaire des traducteurs »
avec un changement de police :

Martine Poirson-Touchet

Introduction de Caleb Gattegno

Le seul support que le public avait à sa disposition pour connaître l'approche pédagogique que nous appelons maintenant le « Silent Way » (que j'ai commencé à développer en avril 1954 et sur laquelle je continue à travailler) était un tout petit livre écrit en 1962, publié en Angleterre en 1963, et réimprimé aux Etats-Unis, avec seulement quelques modifications de style en 1972.

Le livre que je vais vous présenter maintenant est à la fois un résumé de ce que j'ai appris au fil de toutes ces années et les dernières observations que je peux faire sur le sujet, en tant que chercheur dans le domaine regroupant l'apprentissage et l'enseignement des langues.

Dans mon livre précédent, j'ai fait part d'un certain nombre de recherches mises en œuvre pour comprendre le domaine de l'enseignement et de l'apprentissage, et pouvoir y travailler. Certaines de ces recherches, d'intérêt intrinsèque, (par exemple « Comment les bébés apprennent à parler leur langue maternelle ») ont été incluses dans des livres postérieurs qui ne se réfèrent pas à l'étude des langues étrangères. A l'époque, je n'avais pas suffisamment examiné d'autres aspects pour pouvoir en tirer des conclusions. Par exemple, au cours de mes recherches, je pensais que je pouvais écrire un guide de l'enseignant mais j'ai compris que ce n'était pas un seul mais plusieurs guides qui seraient nécessaires ; un défi que mon style de vie ne pouvait me permettre. Dans la réédition de 1972, la référence à des « guides de l'enseignant » a été effacée. Dans le présent ouvrage, nous allons voir comment il est possible de transmettre aux enseignants de langues beaucoup plus que ce que contiennent habituellement les guides pour enseignants, et ceci sans avoir à écrire un guide pour chaque langue.

Certains chapitres de ce livre résument des années de travaux sur le terrain, recherches qui m'ont conduit dans un grand nombre de pays pour rencontrer, par mes visites répétées ou prolongées, des enseignants et répondre au mieux à leurs besoins. Parfois j'ai travaillé seul à produire des matériels ; j'en ai ensuite soumis les résultats à des individus choisis parce que c'était leur langue maternelle. Car, même si j'avais découvert « ce que j'avais à faire avec moi-même » pour pouvoir aborder une nouvelle langue, j'étais le seul à le savoir, et le résultat de mon travail devait être testé avec des apprenants pour garantir qu'ils pourraient effectivement, eux aussi, relever certains défis difficiles, propres à chaque langue, de manière compétente, et donc avec confiance.

Ces tests ont permis de changer l'habitude de s'en remettre totalement au point de vue des locuteurs natifs, pour savoir comment leur langue doit être enseignée. En fait, j'ai très rarement rencontré un natif suffisamment sensible à sa langue, comme j'avais besoin qu'il le soit, pour aider des étrangers à la conquérir en un temps raisonnablement court, dans un contexte scolaire. Globalement, les natifs sont rarement les mieux placés pour trouver les solutions aux défis que pose leur langue maternelle car, pour eux, elle est aussi fonctionnelle que leur digestion - ce qui est rarement l'objet de leur attention.

Je parle ici de deux points de vue : l'un en tant qu'apprenant de langues parce que je veux sentir comment je progresse millimètre par millimètre vers le savoir-faire des natifs, qui utilisent leur langue spontanément pour s'exprimer en toutes circonstances ; l'autre en tant qu'enseignant, parce que je veux faire les choses « justes » pour mes apprenants. Une fois que je comprends ce que les apprenants ont à faire, je peux inventer les techniques et les outils qui les aident à être aussi bons que les natifs dans leur situation.

Grâce à cette observation intérieure portant sur la connexion entre enseigner et apprendre, nous avons pu nous servir de l'enseignement comme moyen d'investigation pour comprendre ce qu'est l'apprentissage au moment même où il a lieu, et par là, avoir un impact sur l'enseignement ; ceci dans un mouvement de va-et-vient permanent.

Voici quelques notions évidentes qui nous avaient échappé, essentiellement du fait que nous étions absorbés par le souci de faire « nos trucs à nous » :
- Nous sommes des systèmes qui retiennent naturellement, et il n'est pas nécessaire d'utiliser la mémorisation autant que la plupart des professeurs le font. Nous gardons mieux à l'esprit ce dont nous prenons conscience.
- Les apprenants doivent entrer en contact avec la nouvelle langue et la pratiquer afin de se l'approprier. Il s'agit pour eux de construire une relation avec la langue ; s'occuper d'autre chose serait une distraction qui les détournerait du but.

- Les enseignants et les apprenants travaillent sur des sujets différents : les enseignants doivent se préoccuper de ce que les apprenants font réellement avec eux-mêmes pour apprendre ; les apprenants s'occupent de la langue elle-même.
- La capacité de répéter ce que le professeur vient de dire immédiatement ne prouve pas qu'on l'a retenu, et encore moins qu'on l'a compris.
- Le tout de l'apprentissage ne se produit pas ici et maintenant : une partie peut fort bien être le résultat du fait « d'avoir dormi dessus ».
- Dans l'apprentissage des langues on peut remarquer des différences entre ce que je dis moi-même ou pense et ce que les autres disent ou pensent, mais c'est seulement quand j'effectue un travail sur moi-même que des changements s'opèrent. C'est pourquoi nous devons faire en sorte que les étudiants travaillent sur eux-mêmes, ça va de soi.
- Etant donné que tout apprentissage se situe dans le temps et de manière progressive, il n'est pas nécessaire d'exiger la perfection (qui est de toute façon hors d'atteinte) mais il s'agit de nous préoccuper seulement d'une amélioration continue.
- Nous pouvons aussi nous préoccuper d'obtenir le meilleur résultat possible en permanence, ce qui conduit, par effet cumulatif, aux meilleurs résultats.
- Si l'apprentissage a eu lieu à chaque instant et que l'intégration se fait jour après jour, alors il est clair que les apprenants seront capables de fonctionner de mieux en mieux dans la langue.
- Etant donné que nous sommes concernés par les êtres humains qui étudient une langue, nous sommes concernés par la conscience et non par l'accumulation de savoirs ; par le fait qu'ils recherchent l'aisance et non l'érudition. La conscience exige des enseignants qu'ils sachent ce qu'ils ont à faire à chaque instant ; atteindre l'aisance réclame des apprenants qu'ils se consacrent à leurs exercices et les pratiquent pour ce qu'ils sont. C'est le besoin qu'ont les apprenants d'atteindre l'aisance qui impose le silence à l'enseignant.

Après réflexion, j'ai qualifié tous ces points « d'évidences », et notre incapacité à les reconnaître de prime abord comme telles nous enseigne que nous portons notre regard sur d'autres choses. Ce livre contribuera peut-être à réajuster notre regard sur ces questions et à leur faire jouer leur rôle dans notre évolution.

Caleb Gattegno. New York City – Mai 1976

1 – Libérer les apprenants

L'expérience que nous faisons tous lorsque nous utilisons notre propre langue pour exprimer nos pensées, sentiments, émotions et perceptions, est que les mots viennent d'eux-mêmes et que nous avons à notre disposition un système automatique extrêmement efficace, qui ne demande presque aucune énergie pour fonctionner. Dans de telles conditions la langue est véritablement un véhicule ; elle transmet ce que nous voulons dire comme il nous convient.

Cependant, dès que nous quittons notre propre langue et que nous nous concentrons sur l'acquisition d'une autre, nous constatons que nous sommes pris dans des combats, que notre mémoire devient très importante alors que dans notre langue maternelle, elle ne semble pas jouer un grand rôle. En fait nous ne pouvons pas plus dire que nous nous « souvenons » de notre langue, que dire que nous nous souvenons comment nous mettre debout ou marcher. Nous savons parler. Nous sentons que connaître une langue est une compétence qui nous appartient comme un fonctionnement, et non comme la mémorisation d'énoncés. A tel point que dans nos conversations avec nos proches, parents ou amis, nous ne tentons jamais de retenir les mots utilisés et entendus une fois que leur sens a été soit exprimé soit compris.

En tant qu'apprenants et enseignants nous sommes confrontés au contraste entre ce qui semble aussi évident pour les enseignants qu'étrange pour les apprenants. Tous les efforts des enseignants ont été menés afin de faire disparaître l'écart entre eux-mêmes et leurs apprenants, bien que cette tentative ne réussisse que rarement. Si les apprenants se débrouillent pour apprendre en faisant avec eux-mêmes le travail nécessaire, les enseignants ont tendance à penser qu'ils ont réussi ce qu'ils ont tenté. Toutefois il semble qu'il serait plus honnête d'apprécier nos démarches en nous concentrant sur ceux qui ne réussissent pas, et de développer une évaluation de nos propositions, fondée sur le nombre de personnes parvenant, en une durée et par un effort « raisonnable », à sentir qu'ils progressent dans la nouvelle langue afin de s'exprimer comme les natifs. Si nous parvenons à rejoindre presque tous ceux qui s'adressent à nous pour acquérir une langue, nous pouvons affirmer avec confiance que nous savons ce que nous faisons. Si au contraire, nous constatons que nous perdons beaucoup d'apprenants en route, ou qu'après des années d'application leurs efforts ne donnent pas tellement de résultats, nous pouvons nous demander si notre approche n'en serait pas la cause.

Puisque nous savons ce que c'est que se sentir libre des exigences d'une langue que nous utilisons couramment pour nous exprimer, il convient que les enseignants se posent cette question : « Quand pouvons-nous affirmer que nous libérons nos apprenants ? » et passer davantage de temps à en examiner la réponse.

Libérer nos apprenants signifie leur donner dans la nouvelle langue le savoir-faire qu'ils possèdent déjà dans leur langue maternelle.

Parler sa langue maternelle ne demande aucune énergie pour contrôler les sons prononcés. Ils viennent d'eux-mêmes, s'alignent les uns à la suite des autres, pour former les mots, les mots justes avec les accentuations adéquates, et dans l'ordre approprié. La voix apporte l'intonation et la mélodie, qui à leur tour véhiculent une grande partie du sens.

Aucune énergie n'est dépensée quand on laisse les mots déclencher des images, et les images déclencher des mots. Les images génèrent ce qu'on appelle le sens des mots. Quant aux mots eux-mêmes les critères qui nous permettent de les considérer comme acceptables sont la cohérence entre deux aspects : d'une part l'échange entre la source de la vérité, extraite de la réalité par de nombreux processus mentaux et nécessitant notre acceptation de nos images, et d'autre part l'organisation conventionnelle des mots.

Quand on écoute une langue qui nous est inconnue, il est tout de suite évident que les mots n'apportent pas par eux-mêmes leur signification. Les mots sont arbitraires, mais sont également cohérents, et c'est la perception de la cohérence, dont d'ailleurs nous étions déjà capables en tant que bébés, qui offre une base à notre intelligence pour la rétention. Il y a une vérité dans la perception et dans la sensation, ainsi que dans notre perception de nos sensations. Nous avons besoin de ce qui est vrai pour être libres, et nous détectons ce qui est vrai dès que nous le rencontrons au niveau de la perception et du ressenti.

Nous pouvons dire maintenant que si nous restons au contact de la réalité et de ce qui est vrai, nous serons mieux équipés pour mener à bien notre recherche de la manière de libérer nos apprenants ; ceux-ci n'ont a priori aucune raison de croire qu'ils seront capables d'affronter ce qu'exige l'immense étendue de l'inconnu que représente l'apprentissage d'une nouvelle langue, à son début, ainsi que par la suite et encore pour un certain temps.

La vérité selon laquelle les phrases doivent être construites consciemment par chacun des apprenants est un guide précieux. Cela nous dictera la façon de travailler avec eux et quels matériels et techniques nous devrons développer pour atteindre, dès que possible, ce niveau de fonctionnement qui les préparera à la prochaine étape vers une autre difficulté à franchir sur leur chemin.

La vérité selon laquelle le sens est véhiculé par la perception sera le point de départ pour que les mots deviennent des déclencheurs dans la nouvelle langue étudiée, exactement comme ils le sont dans la langue maternelle. Cette vérité dictera aussi quels outils et techniques sont les meilleurs pour introduire le canevas des langues, c'est-à-dire leur grammaire. En fait, rester au contact de ce principe établira le fait que la maîtrise n'est pas atteinte à la fin d'un cursus, mais chaque jour, et sur un sujet précis et défini. Alors chaque jour, sur chacun de ces sujets, l'enseignant pourra dire à ses apprenants : « Maintenant, sur ce point précis, vous êtes aussi compétent que moi ».

Mais ces conquêtes quotidiennes ne sont pas des événements isolés : par l'effet cumulatif de l'apprentissage elles s'intègrent à ce qui est déjà maîtrisé et élargissent progressivement l'étendue de la langue connue.

Nos apprenants seront libérés de l'inquiétude s'ils peuvent sentir que :

a) On ne leur demande pas plus que ce sur quoi on travaille à ce moment-là, et en particulier on ne leur fait pas croire que le tout de la langue doit être à leur disposition alors qu'on n'en a encore exploré qu'une petite partie.

b) Ce qui occupe leur temps c'est de sentir que ce qu'ils ont fait a été bien fait et leur donne l'impression qu'ils possèdent quelque chose, qu'ils ont acquis des critères et qu'ils sentent comment travailler la langue en profondeur.

Pour le point a), il peut être nécessaire de leur dire dans leur langue maternelle que nous avons accepté la responsabilité comme enseignant de les amener à être utilisateurs de la nouvelle langue, et même bons utilisateurs, et que nous accepterons ce qu'ils produisent et que nous travaillerons dessus, sans jamais leur demander ce qui semble impossible, sans oublier qu'ils sont des apprenants débutants, et qu'ils explorent l'inconnu.

Pour le point b), nous devons savoir précisément quoi faire à chaque instant. C'est une question technique qu'on ne peut pas réaliser par de belles idées, à moins d'être très chanceux. Au regard de toutes les propositions faites - qui ont eu beaucoup de succès - pour enseigner les langues étrangères nous pouvons voir facilement qu'elles n'ont fourni aucune base pour libérer les apprenants, et ainsi réussir à en faire des apprenants compétents.

Chacun de nous est équipé d'une capacité à prononcer ce qu'il entend. Ainsi, nous ne devrions pas être surpris que les apprenants puissent facilement répéter quelque chose sans pourtant retenir ce qu'un natif de la langue dit. L'exercice de répétition nous dit simplement que nous sommes équipés pour répéter, mais pas que la répétition est la manière dont nous apprenons une langue. Les bébés nous montrent que, pendant au moins deux à trois ans, ils n'utilisent pas la répétition. Chaque bébé sait très bien qu'il doit prononcer ce qu'il veut dire avec conscience, et qu'ensuite seulement, il écoute les sons qu'il produit et utilise ce qu'il sait en tant que locuteur et auditeur pour identifier ce que les autres sont en train de dire.

Aucun bébé ne fait l'impasse sur cette étape de la conscience consistant à savoir quel son produire, pourtant les approches audio-linguistiques (audio-lingual approach) tombent délibérément dans le piège d'utiliser des exercices de réflexes et répétitions comme processus pour apporter la nouvelle langue à leurs apprenants.

Quant à la traduction, c'est une méthode qui consiste à transmettre le sens de ce qui est prononcé dans les nouvelles langues, quand ces significations existent déjà dans l'esprit des apprenants, en l'associant à des mots de leur langue maternelle. Mais il est clair que comme dans la langue maternelle, une fois que le sens est atteint, on peut oublier le mot. Comment alors l'apprenant peut-il faire pour produire la nouvelle langue si le sens lui déclenche seulement un mot de sa langue d'origine ? Ceux d'entre nous qui ont étudié une ou plusieurs langues par la méthode de la traduction connaissent bien cette sensation qu'au lieu de nous sentir plus libres dans la nouvelle langue, d'être plutôt bloqués.

Ceci ne signifie pas qu'il n'y ait pas de place dans la vie pour la traduction. C'est une tâche « facile » dès l'instant où nous connaissons bien deux langues, au moins dans les domaines où nous savons passer des mots d'une langue au sens auquel ils se réfèrent, et ensuite passer aux mots de la deuxième langue, et réciproquement. Les mots qui déclenchent un sens doivent le faire en conformité avec un domaine d'expérience dans lequel le traducteur a accès à la réalité. Ne sommes-nous pas d'ailleurs nombreux à pouvoir citer des exemples de natifs, se trouvant aussi perdus en face d'un texte dans leur propre langue que l'étranger s'adressant à eux pour leur demander de l'aide ?

La traduction n'est pas une manière de libérer les apprenants. C'est simplement le travail de spécialistes. Le rabâchage et la répétition ne servent pas mieux cet objectif.

Bien que certaines personnes se soient débrouillées pour conquérir une langue par l'une ou l'autre de ces approches, l'analyse des preuves nous montre que, concernant le fait de libérer la majorité des apprenants, elles ne peuvent pas prétendre avoir réussi.

Alors, vers quoi se tourner ?

Nous pouvons nous rendre sensibles aux problèmes que pose l'apprentissage d'une langue. Nous pouvons reconnaître ce que les apprenants apportent avec eux-mêmes pour aborder la nouvelle langue et qui puisse servir de base à une approche ayant une chance d'aboutir à ce que des gens fonctionnent dans cette nouvelle langue aussi bien que dans la leur ; c'est-à-dire, qu'ils soient libres d'exprimer ce qu'ils veulent avec la précision et les nuances qu'ils emploient dans leur propre langue.

Tous les apprenants, qui ne sont ni des bébés ni des personnes handicapées, savent à quoi sert une langue vivante et comment s'y prendre avec la fluidité de la parole. Cela, nous n'avons pas besoin de le leur enseigner.

Tous les apprenants savent — même approximativement — qu'alors que l'écoute demande la coopération de leur Moi, ce qu'ils entendent, c'est ce que d'autres personnes mettent en circulation dans l'atmosphère. Parler, en revanche, nécessite la commande de notre volonté dans les organes phonatoires et une compréhension claire par notre conscience linguistique de ce qu'il faut faire pour produire certains sons d'une certaine manière. Seul le Moi du locuteur peut intervenir pour objectiver ce qu'il a l'intention de dire. Chaque étudiant doit être vu comme quelqu'un doué d'une volonté capable de faire ce travail.

De plus, étant donné que très tôt, dès la petite enfance, chacun de nous a remarqué que l'écoute attentive est nécessaire pour savoir ce que nous entendons, et que nous avons le pouvoir d'agir sur nos organes phonatoires pour produire des sons ayant certaines propriétés, chaque apprenant peut être reconnu capable d'auto-correction, et de correction consciente.

C'est peut-être ici l'occasion de distinguer la notion d'être « **reconnu capable de** » ..., et de « **croire que c'est acquis** » ... Dans la perspective d'une étude consciente du processus de l'apprentissage et de l'enseignement, nous devons arrêter de supposer que quelque chose est acquis, et en même temps, reconnaître aux apprenants toutes les capacités d'apprentissage dont ils font preuve. Par exemple, nous ne devons pas être persuadés que les autres savent ce que nous pensons, et que nos espoirs et attentes sont justifiés. Mais si les apprenants ont déjà appris au moins une langue, nous devons leur reconnaître cette capacité d'avoir appris quelque chose de comparable à ce que nous leur présentons actuellement, aussi différentes que soient ces deux langues.

Cette question pourrait servir d'exercice à nos lecteurs qui sont invités à observer dans ce qui suit si l'auteur de ce livre fait bien la distinction entre "reconnaître comme capable de" et "croire que c'est acquis". Que l'enseignant agisse comme modèle ou non, l'auto-correction est nécessaire. L'auto-correction suppose la conscience de soi, et c'est la conscience qui est éducable, c'est-à-dire capable de réaliser ce qu'il est nécessaire de faire, quels changements de fonctionnements doivent être opérés. La conscience mobilise la volonté. Chaque apprenant apporte avec lui sa capacité à devenir conscient de ses fonctionnements et il le prouve en se corrigeant lui-même.

Chaque apprenant est depuis toujours un système d'apprentissage : et il l'a prouvé plusieurs fois lors de sa vie. Nous pouvons reconnaître que lorsqu'il est confronté à la nouvelle langue il va agir à nouveau comme un système d'apprentissage, c'est-à-dire mobiliser ce qui est nécessaire aux actions, dans ce qu'il possède déjà dans sa réserve de réussites antérieures, et dans cette partie de son potentiel sollicitée par les nouveaux défis.

Chaque apprenant est un système de rétention : cela signifie que les impacts sur chacun laissent une trace pouvant être rappelée sans supposer de don particulier. Le pouvoir de produire des images pour ce que nous voyons ou entendons, touchons ou sentons, est apporté par tout être humain dans toutes les circonstances de la vie et nous pouvons nous appuyer sur ce pouvoir chez nos apprenants. En particulier, nous n'avons pas à enseigner à nos apprenants de langues des concepts qui ont déjà été formés par leur capacité de rétention au moment de l'acquisition de leur langue maternelle. Mais nous devons distinguer ce qui a du sens en soi, qu'on retient immédiatement, de ce qui est arbitraire et non nécessaire. Par exemple, une erreur que les anglophones font souvent lorsqu'ils apprennent à lire par la méthode globale est de dire « *boat* » quand on leur montre le mot « *ship* » ou inversement. Cette erreur nous indique que les mots « *ship* » et «boat», à l'oral, peuvent déclencher les mêmes images, et donc peuvent être perçus comme équivalents. Si on veut que soit retenue seulement une lecture pour un mot écrit, on doit éviter cette association erronée, et retenir une seule manière de lire un mot, il s'agit de forger délibérément la relation entre le son prononcé et la forme écrite du mot.

Afin de parler plus précisément de ces questions j'ai introduit le mot « **ogden** » qui se réfère à **la mobilisation de l'énergie mentale nécessaire, pour relier entre eux de manière permanente** (c'est-à-dire pour une longue période et à volonté) **deux éléments mentaux** tels que : un son et un graphème ; un graphème/ou un son, et un sens ; un mot et un objet, etc.

Les « ogdens » ne sont pas requis pour les fonctionnements tels que la perception, ou pour reconnaître des émotions, des images, mais ils le sont à chaque fois que nous souhaitons nous engager à mémoriser les éléments qui sont arbitraires. Avec cette proposition, dans le domaine du langage la rétention de 10 000 mots nécessitera une dépense d'énergie de 10 000 ogdens.

Ainsi, si nous voulons libérer nos apprenants, nous devons nous assurer qu'ils « paient » vraiment les ogdens quand c'est nécessaire. Parfois il suffit de réitérer une question pour constater qu'ils n'ont pas oublié et démontrer qu'un ogden a effectivement été "payé".

Les déclencheurs de réponses ne demandent pas toujours la dépense d'énergie à 100%, parce que la reconnaissance, en tant que pouvoir de l'intelligence, nous permet de limiter la quantité d'informations à donner pour faire passer un message. Par exemple en anglais, «m_th_r» est suffisant pour déclencher le mot entier « *mother* ».

Si nous nous appuyons sur le pouvoir de reconnaissance de nos apprenants, en leur offrant un matériel d'un bien meilleur rendement que la simple dépense d'ogdens, ce sera une aide pour eux, comme pour les enseignants.

Par exemple, des expressions équivalentes et courantes dans la langue nous servent bien quand nous avons un trou de mémoire. Nous ne nous sentirions pas libres d'utiliser notre langue pour nous exprimer si nous n'étions pas équipés pour remplacer un mot par une périphrase, ou une affirmation par plusieurs autres. Les ogdens ne sont pas dépensés quand nous utilisons des expressions équivalentes. En fait le but de l'équivalence est de « faire avec » ce qu'on a déjà retenu au lieu de chercher ce qu'on a oublié à ce moment-là. Cet exemple montre que le Moi sait parfaitement que sa mémoire est faible, et nous devrions être sensibles à ce fait quand nous enseignons, en ne comptant pas démesurément sur elle.

L'intelligence de nos apprenants est aussi un des pouvoirs qu'ils apportent avec eux-mêmes. Le rôle de l'intelligence est de suppléer aux autres pouvoirs du Moi quand on est confronté à des défis qui résistent aux tentatives de les résoudre. Ainsi l'intelligence montre aux apprenants qu'ils fonctionnent mieux quand ils sont détendus que stressés, et elle les invite aussi à accepter d'entrer dans des exercices qui réduisent leur anxiété. L'intelligence leur montre d'autre part que l'association facilite la rétention et que rabâcher pour mémoriser est inutile. En particulier, elle leur montre qu'il est plus facile de regrouper des mots pour en distinguer le sens et les assimiler, et de les apprendre dans un champ lexical plutôt que de mémoriser des éléments isolés de tout contexte.

L'intelligence nous conseille d'utiliser tous les moyens à notre disposition pour conquérir le contenu d'une situation, et d'utiliser ce que chacun apporte dans la classe qui puisse contribuer au travail en cours, au lieu d'être en compétition les uns avec les autres.

L'intelligence n'est pas un luxe ; ses rôles sont vitaux et fondamentaux et peuvent faire grandir considérablement chez l'apprenant le sentiment qu'apprendre une langue est une aventure passionnante qui engage tout son être. En lui donnant une place centrale, l'intelligence rayonnera tout au long de nos cours.

Nos apprenants apportent également *l'imagination* dans nos classes. Dès qu'on a appris à s'en servir comme partie intégrante de notre travail avec eux, il est inutile d'en reporter l'utilisation au stade où, bien plus tard, on aborde dans nos cours la composition de textes. Dès le début et tout au long de l'enseignement, nous pouvons la solliciter pour élargir l'implication des apprenants avec les outils Silent Way de manière à dépasser les apparentes limites de ces derniers.

Ainsi nous pouvons dire que nous « libérons » les apprenants lorsque :

- nous ne prenons rien comme allant de soi,
- nous reconnaissons tout ce que les apprenants apportent avec eux qui contribue à l'apprentissage d'une langue, et en particulier lorsque nous reconnaissons qu'ils sont :

1- des systèmes d'apprentissage, motivés par le fait même d'apprendre,
2- des systèmes de rétention à chaque fois qu'ils agissent,
3- des personnes intelligentes,
4- des personnes imaginatives,
5- des personnes capables de penser par équivalences,
6- des personnes conscientes des faiblesses de la mémorisation par cœur et conscientes des pouvoirs mentaux que sont la reconnaissance et l'association,
7- des personnes capables de distinguer ce qui compose leur expérience d'apprentissage et de se corriger elles-mêmes quand elles ont forgé leurs critères propres,
8- des personnes ayant une volonté qui peut être sollicitée tout le temps, soit pour agir, soit pour s'abstenir d'agir,
9- des personnes capables de suspendre leur jugement, jusqu'à ce que la preuve soit faite qu'on peut avancer vers les étapes suivantes,

10- des personnes capables de se relier à ce qui est vrai et d'éviter les interférences des préjugés et des distractions,

11- des personnes capables de juger à tout moment si elles sont en train de faire un bon usage d'elles-mêmes ou de perdre leur temps,

12- des personnes capables de voir qu'on peut faire beaucoup avec peu, un "peu" qui fonctionne, mais dans lequel il leur faut investir en payant les ogdens nécessaires,

13- des personnes capables de voir qu'il est possible de beaucoup supposer, déduire, généraliser, combiner, extrapoler, et donc, des personnes capables de prolonger leur temps d'apprentissage, bien au-delà des heures où ils sont engagés dans l'étude.

Ce dernier point nous amène à la contribution du sommeil pour faire de chacun de nous un apprenant plus efficace.

Le sommeil sert en effet à apprendre, à trier — en termes d'énergie — selon que ce que nous avons traversé en état de veille était investi de trop ou trop peu d'énergie, que les hypothèses ont été poursuivies jusqu'au bout, qu'il y a lieu de faire des associations, etc.

Si nous avons découvert dans notre propre vie que le sommeil nous aide dans l'apprentissage, nous serons capables de libérer nos apprenants du poids absurde d'essayer d'être parfaits ici et maintenant. Nous leur suggèrerons seulement de laisser leur sommeil travailler sur la résolution de certains exercices difficiles requis par la nouvelle langue, et dont l'intégration par notre soma nous échappe à l'état de veille consciente. En effet, dans le sommeil nous pouvons éviter les pressions extérieures, être vrais avec nous-mêmes et nos ressources intérieures. Ce phénomène rend accessible des dons qui remontent à notre petite enfance et, grâce à cela, nous amène à être bien plus efficaces après le sommeil qu'avant.

Quand nous approfondirons, dans les chapitres appropriés, les aspects techniques et détaillés de toutes ces découvertes fondées sur l'usage de notre bon sens, nous verrons d'une part que notre approche n'est pas une mosaïque d'idées brillantes, mais une organisation solide d'actions nécessaires à l'apprentissage ; d'autre part, nous pourrons considérer que le défi d'enseigner une langue peut être appréhendé scientifiquement et comme un domaine dans lequel les apprenants, en tant que personnes, sont au moins aussi importants que la langue elle-même.

En fait, nous voyons que les enseignants et les apprenants ont deux fonctions bien différentes. Les apprenants s'appliquent à acquérir une langue et ils doivent sentir qu'ils échangent effectivement leur temps contre cette acquisition. Les enseignants durant le cours, n'ont pas à travailler sur la langue, mais plutôt «sur» les apprenants : sur ce qu'ils sont en train de faire ou de ne pas faire, sur leurs progrès vers la maîtrise de chaque élément sur lequel on travaille, et à leur offrir des exercices, ou suggestions, qui les conduiront à la maîtrise recherchée.

Enseigner les langues devient une entreprise scientifique parce que l'enseignant s'engage dans ce qui va faire bouger les choses dans la bonne direction, en toute connaissance de cause et minutieusement, grâce à l'accès à un retour d'informations permanent (feed-back) de ce que les apprenants sont en train de faire ici et maintenant.

Pour ces raisons les enseignants de langues peuvent cesser d'être des magnétophones, peuvent rester silencieux la plupart du temps et peuvent déléguer la responsabilité de l'apprentissage aux apprenants, de manière à leur montrer qu'ils sont aussi responsables de prendre leur part dans ce processus. Aucune félicitation ni critique n'est nécessaire, puisque tout est factuel. La subordination de l'enseignement à l'apprentissage est la seule manière de relever le défi de libérer les apprenants, tout en s'assurant qu'ils apprennent, par un échange économique de leur temps contre un apprentissage maximal.

Un apprentissage de cette sorte ne s'oublie pas, tout simplement parce qu'il n'a été demandé à personne de se souvenir de quoi que ce soit. Le fait de retenir étant une des fonctions du Moi, elle se mettra forcément en place, et les apprenants, qui sont tous des linguistes, finiront par posséder une langue comme ils possèdent d'autres compétences.

2 –
L'élément
le plus fondamental

N'est-ce pas faire preuve de bon sens que de considérer comme fondamental dans l'apprentissage et l'enseignement d'une langue l'élément que nous rencontrons en toutes circonstances ? Surtout s'il est aussi omniprésent que l'émission des sons.

Chaque fois que nous ouvrons la bouche pour nous exprimer, nous exerçons notre prononciation. Celle-ci préexiste à la fois à la formation des phrases, donc à l'apparition des structures, et à leur correspondance avec le sens, donc au vocabulaire. Etant donné que ces aspects de la langue exigent que les sons soient objectivés, ils seront d'autant mieux ancrés que les sons seront, dès le début, établis sur des bases solides. De plus, dans la perspective de libérer les apprenants, il est évident que si cette base essentielle est négligée, cela amènera les apprenants à un contact instable avec cette langue et les maintiendra dans une incertitude permanente dans le futur.

De fait, nous rencontrons tous des apprenants de langues qui, après des années d'études de la grammaire et du vocabulaire, de lecture de journaux, de magazines et de livres, ne sont pas sûrs de la prononciation de certains des mots les plus courants de cette langue et donnent l'impression d'être d'un niveau plus faible que ce que leurs ressources devraient leur permettre.

Depuis des années, nous travaillons en étant conscients que les apprenants doivent devenir indépendants, autonomes et responsables dans le domaine de la production des sons. Les résultats de ce travail ont pris plusieurs formes, dont chacune montre le soin particulier à apporter à cette tâche, quels que soient les outils à disposition à ce moment-là.

En 1962, quand les premiers matériels pour des salles de classe Silent Way ont été imprimés pour l'anglais, le français et l'espagnol, nous utilisions les mêmes couleurs à chaque fois que les sons des langues étaient suffisamment proches. Cela donnait une base pour indiquer immédiatement aux apprenants que, s'ils savaient produire un certain son dans l'une de ces langues, ils pouvaient aussi le faire dans les deux autres. Par ailleurs, ils pouvaient aussi découvrir à quel endroit placer leur attention pour mieux se familiariser avec *tous* les sons de la langue étudiée.

Ce matériel de classe consiste en des tableaux de mots, conçus pour être affichés sur un mur et qui exposent les sons concernés au moyen d'un code couleur. Les apprenants qui sont capables de lire quelques mots peuvent les utiliser comme références pour décoder par eux-mêmes d'autres mots. A cet égard, on les a rendus indépendants. Ils deviennent autonomes s'ils peuvent prendre l'initiative de chercher combien de mots ils sont capables de décoder à chaque fois qu'un nouveau tableau leur est présenté. Ils deviennent responsables, dans la mesure où ils peuvent utiliser de façon systématique et avec attention ce qui, grâce au code couleur, a été mis à leur disposition.

De plus, nous avons créé pour chaque langue un tableau que nous avons nommé le Fidel (un mot éthiopien emprunté en 1957 dans la première tentative d'organiser les sons et l'orthographe d'une langue). Nous en avons maintenant une vingtaine et leur contribution à l'enseignement des langues augmente en même temps que leur nombre. Un kit comparatif est envisagé actuellement, et il est en fait en cours de production. Cela permettra aux apprenants dont la langue fait partie du kit d'accéder de manière autonome aux sons et à l'écriture de dix-neuf autres langues.

Les Fidels sont des outils qui sont beaucoup plus utiles maintenant qu'au moment de leur création. Au début, ils servaient à rendre visible pour chaque langue la totalité des sons utilisés en même temps que la totalité des orthographes attribuées à ces sons. Ils permettaient de voir d'un seul coup d'œil la globalité de ce que les apprenants doivent savoir pour être à l'aise dans leur prononciation et leur écriture. Mais pour vraiment posséder ces deux aspects de la langue, les apprenants devaient se relier à un contenu, et pour cela il fallait un enseignant familiarisé avec ces outils. C'est moins nécessaire de nos jours parce que le kit comparatif est partiellement disponible.

Chaque Fidel est divisé en deux parties : la partie supérieure contient les signes utilisés pour les voyelles dans les formes fournies par la langue écrite, sauf dans le cas du chinois où nous avons utilisé des rectangles colorés ;

la partie inférieure (séparée par une ligne horizontale) contient les signes pour les consonnes, lesquelles, à la différence des voyelles, ne peuvent pas « sonner » seules.

Pour former un mot on utilise un pointeur en touchant rapidement sur le Fidel une séquence de signes choisis pour indiquer l'ordre des sons combinés. L'objectivité explicite de cette activité donne une réalité à chaque mot, et, si les apprenants sont capables de produire les sons associés aux couleurs, cela leur permettra en fin de compte de produire un mot dans la nouvelle langue.

Quand il est possible de placer deux Fidels côte à côte, l'un de la langue maternelle des apprenants et l'autre de la nouvelle langue, l'enseignant peut rester complètement silencieux pour tous les sons communs aux deux langues. Sinon, le son prononcé une seule fois par l'enseignant, peut suffire pour mettre le nouveau son en circulation.

La responsabilité de l'enseignant ici s'arrête quand le son a été prononcé une fois, clairement et suffisamment fort, devant le groupe attentif.

Les apprenants arrivent équipés pour recevoir les sons et transférer via leur cerveau les caractéristiques qui rendent ces sons prononçables volontairement. En général, il y a quelqu'un dans le groupe qui démontre que ce transfert du son entendu au son prononcé est facile. La plupart des autres apprenants peuvent reconnaître la simplicité d'un tel transfert, et pendant ce temps, l'enseignant se concentre sur ceux qui ont plus de difficultés et les incite à écouter ceux qui y parviennent.

Les différentes langues ont développé des caractéristiques uniques et particulières dont on doit rendre les apprenants conscients dès le début. Par exemple, les voyelles espagnoles conservent la même valeur partout dans le mot : on les appelle des voyelles pures. Alors que ce n'est pas le cas de l'anglais, de l'allemand, du russe, etc. L'anglais a des voyelles floues dans la plupart des syllabes non accentuées, et pour qu'il sonne comme de l'anglais il faudra que les mots soient produits spontanément par les locuteurs.

Le travail sur les sons voyelles constitue l'élément le plus important sur lequel travailler dès le début, et nous avons constaté que lorsque qu'il est bien fait, il aide immensément les apprenants dans tout ce qui suit.

Il est toujours possible de fabriquer des « mots » en pointant uniquement des sons voyelles, en jouant avec leur ordre — même si de tels mots n'existent pas vraiment dans la langue cible. Ces séquences de voyelles peuvent être prononcées avec attention, car les apprenants comprennent exactement le sens du jeu de pointage des sons et, si ceux-ci sont bien choisis, les apprenants produiront déjà un certain nombre de parties de mots qu'ils retrouveront plus tard dans le vocabulaire de la nouvelle langue.

En espagnol, par exemple, *oí* est un « mot », *oía*, en est un autre ; *ee*, *eo*, et *eía* servent à conjuguer des verbes tels que *lee, leo, veo, leía, veía*, et d'autres.

Toujours en espagnol, quand on observe que la lettre silencieuse « *h* » n'a pas d'autre effet que de produire des orthographes différentes pour les sons voyelles, nous mettons immédiatement à disposition plusieurs mots utiles : *ha, he, hay, hoy* (et *ya, yo,* par le renversement des deux derniers sons, et *ay* comme autre mot).

Chaque langue suscite un usage spécifique de son Fidel. Nous allons illustrer notre contribution dans ce domaine en utilisant deux d'entre elles (japonais, espagnol). Si nous avions choisi d'autres langues, le résultat aurait été, en apparence, totalement différent. Toutefois nous pouvons apprendre beaucoup de choses, valables pour la plupart des langues, à condition d'adapter l'approche aux exigences particulières de chacune. Il m'est arrivé d'utiliser le Fidel d'une langue pour produire des phrases d'une autre langue. Par exemple, en utilisant le Fidel amharique, on peut faire un certain nombre de propositions qui sonnent comme des phrases françaises et déclenchent du sens en français, bien qu'elles n'aient aucun sens en amharique.

Ci-dessous, nous présentons les reproductions du Fidel espagnol pour le dialecte de certaines régions d'Amérique du Sud, et le Fidel japonais de l'alphabet Hiragana. Les sons voyelles représentés sont les mêmes pour chacun et on peut déduire l'ordre de présentation de l'un si on connait déjà l'autre. La convention selon laquelle les signes d'une même colonne correspondent à un même son s'applique aux voyelles dans les deux cas et aux consonnes pour l'espagnol.

 Pour les outils en couleur voir les sites à visiter dont quelques-uns sont listés dans le Préambule.

2 – L'ÉLÉMENT LE PLUS FONDAMENTAL

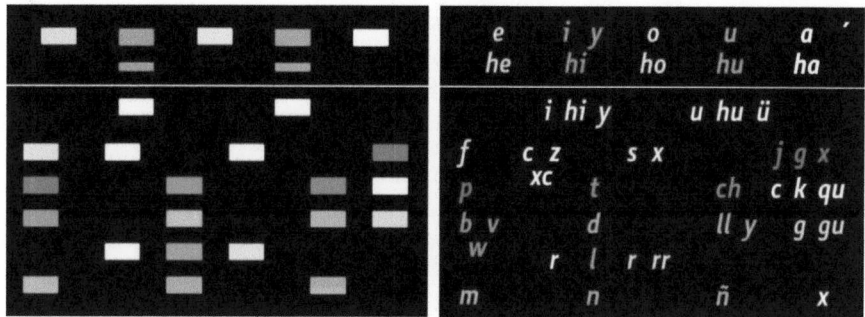

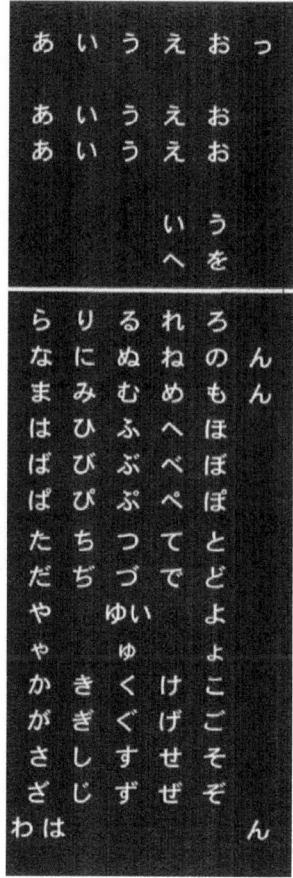

Pour le japonais les signes en-dessous de la ligne horizontale représentent des syllabes, sauf dans la dernière colonne de droite, qui fait référence à trois consonnes. Ici, c'est en noir et blanc et le lecteur devra utiliser son imagination.

Comme quatre composantes sont à prendre en compte dans les exercices avec le pointeur et le Fidel, il est nécessaire d'introduire les gestes qui seront nos codes pour indiquer les accents toniques des mots, la fluidité des mots dans les phrases, et ce qu'exige la voix pour produire l'intonation et la mélodie de chaque langue.

La place de l'accent tonique pour les mots de plus d'une syllabe peut se montrer de deux façons :

1- Sur le Fidel, en touchant une certaine voyelle avec plus de force à l'aide du pointeur

2- En montrant aux apprenants un placement virtuel des syllabes du mot sur notre index, comme si le mot se déroulait sur nos phalanges. Par exemple pour « amigo » on utilisera une phalange pour *a*, une pour *mi*, une pour *go*. Le pointeur qui balaye l'index se lève sur la syllabe mi.

Des formes comme celles-ci illustrent le processus :

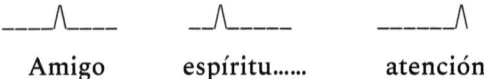

   Amigo   espíritu……   atención

Pour le phrasé, on utilise plusieurs doigts d'une ou des deux mains (chaque doigt représentant un mot). On sépare les doigts s'il y a une courte pause entre les mots et on les joint s'ils sont liés par le sens. Par exemple pour : « *Mi amigo no está en su casa* » on regroupe les mots ainsi : les deux premiers, les deux suivants, les trois derniers : 2-2-3. Alors que pour « *Y en aquél lugar no hay nada* » donnera la « mélodie » 4-3.

En utilisant ses mains comme un chef d'orchestre, un enseignant suscite soit une mélodie monotone demandée par exemple par le japonais, soit une voix qui monte et qui descend nécessaire pour l'espagnol. Dans de nombreuses langues cela donne une physionomie à chaque phrase, et ce seul exercice peut tout à fait servir d'accélérateur pour les débutants dans une langue.

Il faut être bien clair sur le fait que dans cet exercice on ne s'occupe pas (encore) du sens de la phrase. Le sens dont on s'occupe est celui des règles de ce jeu réagissant aux pointages. Les apprenants vont faire usage d'eux-mêmes pour produire des accentuations, une prosodie et une mélodie. S'ils respectent les règles, ce qu'ils prononcent peut tout à fait être intelligible pour un natif, et pas du tout pour eux.

Avant d'utiliser cette approche, les enseignants doivent être tout-à-fait à l'aise avec cette convention que pourtant certains trouvent inadmissible. Les apprenants de tout âge entrent dans ce jeu avec facilité, et disent que ça les amuse. Notre objectif étant d'augmenter l'efficacité dans l'apprentissage d'une langue, cet exercice est une contribution très importante car on s'attaque ici une fois pour toutes à ce qui compose la langue et qui servira aux apprenants en permanence. Cela les tranquillisera pour cette part omniprésente de l'apprentissage. En fait, le résultat global de ces exercices semble incroyable. Pendant la toute première heure d'entrée dans une langue, les apprenants arrivent, sans modèle pour les guider, à prononcer des phrases d'une trentaine de mots avec une facilité et une fluidité remarquables, telles qu'aucun natif ne pourraient imaginer que ceux qui la prononcent n'en comprennent pas le sens. Ceci est possible parce qu'ils ne sont pas en train de répéter ce qu'un natif vient de dire, qui normalement serait associé pour lui à un sens.

Ce qu'il faut comprendre à cette étape c'est que, quand il utilise cette approche, un enseignant a accès aux pouvoirs des apprenants : c'est-à-dire le pouvoir de regarder et d'interpréter ce qu'ils voient en termes de conventions acceptées, pratiquées ici et maintenant ; le pouvoir de prononcer ce que leur esprit a capté ; le pouvoir de modifier leurs prononciations pour ajuster les accents toniques, le phrasé et la mélodie selon ce que l'enseignant demande, par des codes convenus. Parce que les relations entre les signes et les sons existent, et se déroulent en sens opposés pour l'enseignant et pour l'apprenant, le résultat des prononciations des apprenants est une phrase ou plusieurs que l'enseignant aurait prononcées en connaissant leur signification. Il n'a fait que les pointer sur un Fidel, sans les prononcer, et les étudiants les ont prononcées à sa place grâce aux signes et conventions acceptées de part et d'autre.

Au début, l'enseignant forme des mots en pointant en silence et vérifiant que les prononciations sont conformes à ce qui a été convenu ; il peut faire des choix, utilisant des voyelles avec une ou autant de consonnes nécessaires pour que les apprenants puissent les prononcer facilement.

Voici quelques exemples en espagnol utilisant seulement «l» dans le premier cas : *lía lee - lilí le leía - lola lo leía - a él lulú lee - lola olía el aleli*.

Et dans le second cas : *no hay - hoy no hay nada - ni él ni su mamá están comiendo - cuando salieron de la casa ella tenía en su mano su paraguas mientras él llevaba un abrigo.*

Il est tout aussi facile de faire des phrases en japonais, mais la composition des caractères exclut de faire exactement la même chose ici. A l'aide du pointeur et après une heure d'exposition au type d'exercices décrits plus haut nous pouvons susciter chez les apprenants des prononciations qui sonnent comme ceci : *momo ilo no bo, o ippon to kiloibo o ninon totte kudasai.* L'accélérateur qu'on trouve dans cet exercice, c'est la prise de conscience personnelle que l'on peut produire une phrase assez longue de façon fluide, sans l'avoir jamais entendue, et que notre intelligence a été sollicitée pour mobiliser les différentes sensibilités présentes en nous-même pour résoudre un problème spécifique concernant la production de sons, alors que toutes distractions ont été éliminées et qu'on s'est concentré uniquement sur les tâches à accomplir.

Parce que les défis sont réels pour les apprenants, ils sont motivés pour les relever et pour continuer à jouer le jeu. Parce qu'il n'y a pas de perte d'énergie et que chaque nouveau pas est vraiment nouveau, soit qu'il intègre ce qui a été fait avant et produise des phrases plus longues, soit qu'il élargisse ce qui paraissait être un exploit il y a une minute, soit qu'il se réfère aux prononciations venant d'être utilisées en y ajoutant de nouvelles, les apprenants reconnaissent les exercices dans lesquels ils s'engagent comme de véritables jeux, semblables aux nombreux autres où ils ont réussi dans leurs précédents apprentissages.

Parce que personne n'exige de quiconque de se souvenir de quoi que ce soit, mais qu'existe seulement l'activité de laisser le matériel du Fidel produire à chaque fois les étonnantes nouvelles combinaisons de sons, de mots et de phrases, l'atmosphère de la classe devient joyeuse, détendue, et on fait l'expérience d'être embarqué dans un réel apprentissage. La classe prise comme un tout a été invitée à coopérer ; il n'y a pas les faibles ou les forts, tous les apprenants s'entraident pour améliorer leurs réalisations. Dans tous les cas, grâce au fait qu'on ne leur a pas offert de modèle, les apprenants ne savent que ce qu'ils sont en train de faire eux-mêmes, et constatent que certaines choses qu'ils font les rendent capables d'améliorer leurs résultats.

Ils ne peuvent pas nier qu'ils ont progressé personnellement grâce au groupe. Souvent ils apprécient de sentir que la dynamique du groupe leur a donné des occasions d'être plus efficaces, plus rapidement.

Naturellement, l'enseignant qui sait ce qu'il pointe peut sélectionner son matériel : pour varier les intonations ; pour produire de nombreux exemples d'utilisation d'un même mot à des places différentes dans une phrase ; pour les préparer à rencontrer des mots qui seront utiles par la suite dans les prochaines étapes et leçons, etc.

En particulier, parce qu'il n'y a pas de vérité dans les langues mais un critère de « justesse » (c'est-à-dire, la façon dont les natifs utilisent les sons), l'enseignant avisé choisira des phrases qui généreront une sensibilité aux comportements d'une langue qui ne sont pas ceux de la langue d'origine de la classe (s'il y en a une). Ainsi à l'avenir, seul ce qui est conforme à cette sélection sonnera juste, et non les habitudes linguistiques des apprenants.

Par exemple la double négation *no nothing*, n'est pas acceptable en anglais, alors que l'équivalent *no hay nada*, est requise en espagnol. De ce fait, un certain nombre d'exemples travaillés à l'aide du pointeur établiront ce qui est correct en anglais pour des apprenants espagnols, et ce qui est correct en espagnol pour les apprenants anglais.

De même, le fait de laisser tomber ou de répéter les conjonctions pourra être inséré dans les exemples travaillés en séquence de prononciation, et ainsi de suite.

Dans les deux prochains chapitres, nous verrons comment nous pouvons dépasser cette étape de prononcer les sons sans référence au sens, mais ici nous voulons souligner l'étrange conclusion selon laquelle le sens peut constituer un obstacle, une interférence, dans l'apprentissage. Quand des enseignants essayent cette approche dans une classe, ils le savent immédiatement. Théoriquement, il est évident que, parce que les apprenants ne savent rien de cette langue et parce que la technique du pointage dans les conventions établies est capable de les amener à produire un grand nombre de phrases dans la nouvelle langue, nous avons un choix à faire : a) soit de pratiquer ce à quoi ils ont accès dès maintenant, b) soit de reporter ce genre d'exercices, et d'attendre qu'ils aient acquis un vocabulaire aussi vaste que celui que nous leur demandons dans ce jeu de prononciation.

Il est clair que ce second choix n'est pas le nôtre : parce qu'il ne libère pas les apprenants, et parce que les activités, que nous avons séparées, nécessitent d'être pratiquées quoi qu'il arrive. Jusqu'à présent, dans les autres approches, ces options ont été pratiquées ensemble, mais il y a trop peu d'apprenants de langues dans le monde qui puissent prouver que cette façon de faire constitue pour eux une bonne base. Nos expériences ont été spectaculaires et, même d'un point de vue pragmatique, notre choix est celui à recommander car les apprenants y expérimentent comment faire usage de leurs capacités de locuteur, avant de s'embarquer dans d'autres aspects de la langue qui exigent, non seulement la prononciation, mais encore bien d'autres choses *en plus*.

Pour résumer ce chapitre, la première ou les deux premières heures d'enseignement sont consacrées à extraire du Fidel des guirlandes de mots et à les prononcer. Cela va libérer les apprenants de leurs propres habitudes de prononciation et les amener à concentrer toutes leurs énergies pour saisir comment les mots et les phrases devraient résonner dans la nouvelle langue.

Dans le prochain chapitre nous allons introduire un autre accélérateur, lié de près à ce que nous venons de voir, mais qui servira de transition vers l'introduction du sens. Ceux qui suivent nos conseils ne mettront pas longtemps à en comprendre l'intérêt.

3 – L'étape suivante

S'il y a un ordre de préférence pour présenter le matériel aux apprenants, nous le trouverons en cherchant des exercices qui produiront un maximum d'apprentissage par rapport au temps investi.

Si l'on considère dans l'ensemble que le paiement de chaque ogden produit la rétention d'un élément, on ne peut guère envisager de progrès dans l'apprentissage d'une langue sans faire le lien entre les ogdens payés et ce que l'intelligence sait faire avec les éléments déjà intégrés.

 Dépense d'énergie que l'apprenant a accepté de « payer » pour intégrer un nouvel élément.

Il se trouve que dans la plupart des langues la *numération* a été structurée pour produire les noms de tous les nombres de manière systématique. De fait, la numération sera un champ de prédilection pour les enseignants qui, comme nous, sont sensibles à l'aspect économique de l'apprentissage et donc de l'enseignement.

A l'exception des très jeunes enfants, la plupart des apprenants qui entrent dans une seconde langue seront déjà familiers avec la numération dans leur langue maternelle. C'est-à-dire que les concepts seront dans leurs esprits, déjà prêts et disponibles, sans que l'enseignant de langue ait besoin d'expliquer quoi que ce soit. Même quand les chiffres dans leur propre langue ne sont pas les chiffres arabes, en général, la plupart des apprenants, dans notre monde globalisé, auront eu quelque exposition à la notation arabe des chiffres.

Ce qu'il nous faut faire ici, c'est montrer comment le bon sens dicte que la numération soit, après le travail sur les sons, la deuxième série d'exercices utiles, dans une hiérarchie temporelle correcte d'enseignement d'une nouvelle langue pour réaliser le meilleur apprentissage dès que possible. (Note de l'auteur : *En hindi au contraire, le bon sens dicte d'enseigner les nombres plus tard car ils sont très coûteux en ogdens)*

En effet, dans aucun autre domaine il n'est possible de calculer aussi facilement le coût (en ogdens) d'une étude dont l'importance est indéniable et qui, de plus, offre aux apprenants le premier et le plus vaste des champs de pratique.

Etudions la question dans le cas de l'allemand, bien que n'importe quelle langue conviendrait aussi bien.

Ecrivons tour à tour chaque chiffre de 1 à 9 sur une ligne horizontale, en les espaçant de manière à laisser assez d'espace entre eux pour insérer au moins deux zéros sans avoir à les réécrire.

1   2   3   4   5   6   7   8   9

En pointant le 1 après l'avoir écrit, l'enseignant peut soit prononcer *eins* soit pointer sur le Fidel allemand les signes *ei, n, s*. Les apprenants le disent une ou plusieurs fois pour garantir la prononciation correcte. Ensuite on pointe le chiffre 2, et *zwei*, est soit prononcé, soit montré sur le Fidel. 3 et 4 peuvent être traités de la même façon et ensuite les quatre sons (*eins, zwei, drei, vier*) pratiqués soigneusement. Il est important de noter que ce ne sont pas tous les apprenants qui semblent comprendre quel usage faire d'eux-mêmes pour payer ces quatre ogdens, bien qu'ils en soient évidemment capables. Le bon sens nous dit d'éviter de créer de l'anxiété chez ces apprenants et de nous assurer le plus possible que chacun d'eux maîtrise ces quatre sons, c'est-à-dire paye ces quatre ogdens. De telles remarques viennent de l'expérience. Le reste est aussi facile, si ce n'est plus, car nous sommes tous des systèmes de rétention et des payeurs d'ogdens naturellement.

Sur une deuxième ligne nous allons, soit écrire 10 *(zehn)* et faire dire aux apprenants sans paiement d'ogden *dreizehn* (13), *vierzehn* (14), et ainsi de suite jusqu'à *neunzehn* (19), puis, soit laisser 11 et 12 pour plus tard parce qu'ils sont irréguliers, soit les donner, pour deux ogdens supplémentaires: *elf* et *zwölf* ; ou encore introduire 90 *(neunzig)*, qui coûte un ogden pour *zig*, et ensuite laisser les apprenants trouver 80 *(achtzig)*, 60 *(sechzig)*, 50 *(fünfzig)*, 40 *(vierzig)*, en laissant de côté les irréguliers 20 *(zwanzig)* 30 *(dreißig)* et 70 *(siebzig)* ou en leur demandant de payer trois ogdens supplémentaires. Un ogden supplémentaire est requis pour le mot *und*, qui permettra aux apprenants de dire *drei und achtzig* pour 83 et de pointer la séquence : 3, und, 80. On peut ainsi former de nombreux exemples avec les nombres jusqu'à 99 (*neun und neunzig*) tout en excluant éventuellement 11 et 12.

Ainsi pour 17 ogdens en tout (9+1+2+1+1+1+1+1) nous pouvons produire 99 mots ou expressions allemands.

En ajoutant un mot de plus *hundert* pour un ogden, on fait exploser la frontière de 99 à 999; un autre, *tausend*, pour un ogden de plus, jusqu'à 999.999. Si on pratique *millionen* et ces deux autres derniers mots : «*Tausend millionen* » (au lieu de *milliarden*) , millionen millionen, etc., sans coût en ogden, on peut dire que : pour seulement 20 ogdens les apprenants auront les moyens de dire n'importe quel nombre, par exemple :

123 456 789 987 654 321 666 777 888, soit :

Ein hundert drei und zwanzig millionen millionen millionen millionen

vier hundert sechs und fünfzig tausend millionen millionen millionen

sieben hundert neun und achtzig millionen millionen millionen

neun hundert sieben und achtzig tausend millionen millionen

sechs hundert vier und fünfzig millionen millionen

dreihundert ein und zwanzig tausend millionen

sechs hundert sechs und sechzig millionen

sieben hundert sieben und siebzig tausend

acht hundert acht und achtzig,

c'est-à-dire une phrase de 65 mots dans une langue nouvelle avec une pleine compréhension.

Chaque apprenant a dès lors à sa disposition les moyens de créer des phrases longues dans la nouvelle langue, qui peuvent contenir autant de défis que l'on veut, dans le but de pratiquer les sons et le rythme requis par la nouvelle langue. Plus les nombres seront importants mieux l'apprenant se préparera à faire des phrases longues, à reprendre son souffle, à moduler le flux des sons d'une manière spécifique, en fonction de la structure des nombres de cette langue ; les triades de chiffres seront ponctuées par le mélange des milliers et des millions selon la place logique de la construction des nombres de cette langue. Cette discipline complexe devient alors

25

une seconde nature et on peut dire après cette courte période que les apprenants novices sont aussi bons que les natifs dans ce domaine. Ils ont une expérience dans la nouvelle langue dans laquelle ils comprennent tout ce qu'ils disent ou entendent dire, où ils savent pourquoi ils disent ce qu'ils disent et n'ont besoin de l'aide de personne pour savoir s'ils ont raison, ou à quel endroit ils ont dérapé et fait une erreur.

Même si le seul bénéfice était d'entrer aussi rapidement dans ce genre d'exercices, cela justifierait leur adoption par tous les enseignants. Mais il y a dans cette séquence un potentiel encore bien plus grand.

Les nombres sont tellement présents dans notre mode de vie actuel qu'ils forment une série de mots dont les apprenants auront besoin constamment dans de nombreuses situations pour : dire l'heure, envisager des situations quantitatives, donner son adresse, son numéro de téléphone, son âge, son numéro de carte de crédit, sa plaque d'immatriculation, et ainsi de suite, et ils leur seront très utiles dans tous ces domaines.

L'arithmétique est une des activités que généralement les gens ne peuvent faire que dans leur langue maternelle. Dès lors, il n'est plus nécessaire qu'il en soit ainsi.

En fait les mathématiques sont universelles, et les opérations arithmétiques, une fois comprises, sont valables dans toutes les langues. Si les apprenants peuvent retenir dans la nouvelle langue les noms des signes des opérations +, -, x, / et = ils peuvent alors se donner à eux-mêmes tout ce domaine de pratique dans la nouvelle langue. Les enseignants peuvent montrer sur le Fidel comment s'écrivent tous ces signes arithmétiques et lire des affirmations mathématiques universelles telles que :

7 + 9 = 16 = 9 + 7,

ou 16 - 9 = 7, ou 16 - 7 = 9,

puis, en ajoutant des zéros :

70 + 90 =   ;

160 - 70 =

ou 1 600 - 700 =

ou 16 000 - 7 000 =

Et aussi 2 x 3 = 6 et 6/3 = 2

Ce qui donnera

20 x 30 = 600, et 60 000 / 300 =

Et ainsi de suite ;

Dans tout ceci, les connaissances sont apportées par les apprenants, et les points qu'ils doivent mémoriser ne coûtent qu'environ 25 ogdens, alors que la quantité de paroles produites est énorme et d'une grande importance.

Rapidement, quand d'autres éléments de base seront acquis, il sera facile d'y ajouter, en une heure environ d'enseignement, les sujets socialement importants tels qu'acheter et payer dans la nouvelle langue, parce que ce canevas arithmétique est maintenant aussi disponible dans la nouvelle langue que dans la langue maternelle, et parfois mieux.

Il nous semble qu'en agissant de la sorte nous ajoutons à la liberté des apprenants en faisant preuve de bon sens dans notre enseignement.

4 -
La perception

Dans le chapitre précédent, nous avons mentionné un certain nombre de fois qu'il n'y avait pas de vérité dans les mots et que les significations associées aux mots venaient d'une autre source. Cette source, ce sont les changements effectifs d'énergie expérimentés par notre système nerveux quand il est soumis soit à des impacts mécaniques (y compris ceux produits par les voix qui percutent nos tympans), soit électromagnétiques (comprenant les photons qui atteignent notre rétine), ou encore à la chaleur et aux impacts chimiques sur nos nerfs récepteurs.

Tous ces impacts peuvent ajouter des quantités précises d'énergie et ils représentent les contacts véritables de notre Moi avec notre environnement.

Nous allons examiner ici comment la langue est générée à partir de la perception, et nous servir de cette découverte pour voir comment nous pouvons amener nos apprenants à la source même du langage, afin qu'ils comprennent le sens du choix des sons qu'un groupe linguistique a produit depuis des années, voire des siècles, et a maintenu si longtemps, dans le but d'économiser l'énergie.

Les yeux des animaux et des hommes sont affectés par des entrées d'énergie du cosmos. Les physiciens qui étudient ces impacts savent mieux que la plupart des gens ce que sont la couleur, les différentes nuances de teintes et l'intensité en termes d'énergie. Les formes sont associées aux zones de la rétine qui sont affectées par les photons et génèrent la conscience des volumes.

Les formes, les volumes et les couleurs ont une base factuelle et on peut parler de leur vérité, ou réalité, c'est-à-dire de ce qu'elles génèrent dans notre sensibilité par leurs impacts ; nous pouvons rappeler cette réalité en réactivant concrètement ou virtuellement ce qu'a été l'impact.

> 📖 Voir le séminaire « De L1 à L2, de l'apprentissage des langues » donné par Caleb Gattegno en français, à Genève en

novembre 1984. Disponible chez Une éducation pour demain :
https://boutique.uepd.org/page/865603-accueil

Chacun de nous dans l'environnement peut recevoir des impacts dans les oreilles. Ceux-ci ont aussi une vérité dans la distribution complexe de l'énergie par laquelle nous distinguons la hauteur, le timbre, l'intensité, les accents toniques et les sons grâce à l'équipement de notre système nerveux.

Notre équipement analytique reconnaît dans une voix dont le timbre, la hauteur et l'intensité sont maintenus, des distinctions dans la composition des sons, formant une (subtile) organisation. Notre intelligence est capable d'y reconnaître des cohérences et de les souligner, et ainsi de leur donner une réalité en termes d'énergie. Percevoir ces variations subtiles leur donne une réalité à laquelle le Moi peut se relier.

Le Moi observe deux ensembles de perceptions, sensible à toutes celles qui sont modifiées par des changements d'énergie, et conscient que des changements d'ordre temporel interviennent également.

Par conséquent chacun de nous, étant plongé dans la réalité et sachant en direct ce qui est vrai, peut reconnaître qu'il n'y a pas de vérité en soi dans les mots, mais qu'il y a une vérité dans la cohérence entre l'aspect de certains mots et certains évènements que nous rencontrons. Parce que nous apprenons quand nous sommes bébé à nous parler à nous-mêmes, (dans ce qu'il a été refusé d'être appelé une langue), nous savons intimement que notre système vocal peut être relié à notre système auditif, et que nous pouvons transformer des sons que nous avons produits nous-mêmes en sons entendus, et ainsi parvenir à décoder des mots à partir des voix que nous entendons, y compris la nôtre. La réalité mentale et physiologique des mots nous parvient à partir du travail que nous faisons dans notre berceau, d'abord avec nous-mêmes et plus tard avec l'environnement.

Les deux séries de perceptions dans lesquelles nous nous engageons en associant l'une à l'autre, peuvent être associées parce que ce sont des perceptions. Les mots peuvent devenir une réalité à laquelle nous pouvons nous relier, mais on ne les retient que lorsqu'ils déclenchent des images mentales : leur signification.

En fait, étant donné que notre objectif est de relier un ensemble de perceptions (pour lesquelles il n'existe aucune autre réalité que notre capacité à les maintenir en tant que sons dans notre mémoire) à une réalité à laquelle la vérité est attachée, il nous a fallu trouver des façons de travailler qui mettent d'abord en avant ce qui est vrai, et ensuite qui l'associent à un signe pouvant remplacer cette vérité de manière cohérente.

Dans notre approche d'apprentissage des langues nous avons découvert qu'un ensemble de petites règles de couleur est un très bon matériel pour remplir cet objectif. Il y a sans doute d'autres objets qui pourraient être choisis pour le même but, mais l'expérience de plusieurs années nous a montré qu'aucun d'eux ne semble être d'usage aussi souple. Pendant cette période, ayant accumulé situation après situation, je suis parvenu au point que je sais maintenant comment présenter, sans aucune explication verbale, la plupart du vocabulaire de structure des langues que j'ai rencontrées.

Pour commencer, il s'agit de trouver un terme générique dans chaque langue pour désigner chaque petite règle de couleur faisant partie d'un ensemble, bien qu'il ne soit pas très facile de déterminer le terme le plus adéquat dans le vocabulaire déjà existant de la langue que nous examinons.

Réglette pour le français peut convenir pour désigner un prisme de 9 à 10 cm, mais c'est par un abus de langage que l'on gardera ce terme pour l'appliquer aussi à un petit cube de 1cm.

Pour l'Arabe on avait d'abord choisi *Kashahaba* mais il désigne plutôt une planche que ce genre de petite règle, on l'a donc associé à brindille, *oud*. Mais étant donné que les mots n'ont que les significations qu'on leur donne, les gens ont accepté nos choix pour la vingtaine de langues sur lesquelles nous avons travaillé jusqu'à présent.

 Caleb Gattegno présente ici **les premiers pas de l'usage des réglettes** dans l'apprentissage. Ceci sera largement développé dans les chapitres suivants notamment le chapitre 6.

De ce fait, nous commençons notre **présentation des réglettes** en prenant dans la boîte une série de réglettes de couleurs différentes, une à une et dans une succession rapide, sans regarder personne et en disant autant de fois que nous soulevons une réglette le mot choisi pour cet objet dans cette langue. L'apprenant a ainsi entendu le même mot associé à différents objets. Ce qui se passe dans leur langue se trouve valable ici encore : à savoir que les mots s'appliquent à des concepts et les concepts à des ensembles. C'est ainsi qu'une « *réglette* » ou son équivalent, est le mot utilisé pour tout objet qui appartient à cette catégorie.

Peu après, nous prenons une réglette et la nommons par sa couleur, clairement et assez fort pour que la position de l'attribut de la couleur dans l'expression soit évidente, mais on ne demande pas à la classe de répéter. Au lieu de cela on prend une deuxième réglette d'une autre couleur et on donne son nom. Alors seulement on demande aux apprenants de nommer la première, et s'ils y arrivent (comme c'est en général le cas), la seconde.

Les apprenants savent dès lors qu'ils ont été considérés comme des systèmes de rétention, qu'ils peuvent s'entraider dans la tâche de payer des ogdens pour ce qui est montré.

L'enseignant peut être assis à une table où sont disposées les réglettes et de l'autre côté de la table il y a la classe (formée d'un nombre raisonnable d'apprenants, installés dans l'espace disponible de telle manière qu'ils puissent voir les réglettes sur la table). Les réglettes sont disposées sur la table de préférence verticalement, bien qu'à ce stade on ne donne pas de vocabulaire pour la position.

On utilise le pointeur une fois ou deux pour indiquer quelle réglette doit être nommée quand on pratique les noms des deux couleurs dans la forme convenant à la langue étudiée (adjectif au génitif et nom au nominatif avec un article si nécessaire dans cette langue). Une troisième couleur peut être présentée, puis une quatrième et jusqu'à neuf réglettes différentes ; et à chaque nouvelle introduction le pointeur s'arrête au passage au-dessus des autres, on les nomme alternativement, jusqu'à la dernière, pour donner ainsi plus d'occasions de pratiquer toutes les couleurs qu'on a déjà découvertes. Dans certaines langues certains mots demandent beaucoup de travail parce qu'une certaine combinaison des sons, ou bien la longueur d'un mot présente des difficultés pour les apprenants. Au lieu de les éviter, on les introduit à un moment approprié (pas au début) et on leur accorde de la pratique. Cela inclut de pointer sur le Fidel, de séparer les syllabes (nous préférons les appeler « battements ») de chaque mot, de manière à les positionner sur un doigt ou sur la réglette elle-même et de balayer le mot, d'abord lentement puis de plus en plus vite pour encourager la prononciation correcte.

« Anaranjada » est un mot de ce type en espagnol, « momoilonobo » en est un en japonais, et « boortukaliya » en arabe est un troisième exemple. Nous ne devons pas nous inquiéter si ce genre de mots n'est pas produit parfaitement dès le début ; il y aura tellement d'occasions par la suite de les prononcer et de travailler sur eux que la prononciation s'améliorera par le fait même de les utiliser en permanence avec une attention soutenue. Notons que l'enseignant, soit pointe le nom de la couleur sur le Fidel, sans rien dire, soit dit lui-même la couleur au bon endroit quand le pointeur survole les réglettes dans la séquence où les apprenants essaient de dire les noms des couleurs.

Une fois que les neuf réglettes introduites sont disposées verticalement sur la table, et que la classe produit en chœur les sons correspondants à une des permutations qui vient d'être pointée (il existe près d'un tiers de million de choix différents possibles pour cette opération de pointage), l'enseignant retourne aux réglettes de la boîte et en prend deux de même couleur. Alors il prononce à haute voix et clairement les mots pour désigner deux réglettes de telle couleur et pointe au Fidel ce que les apprenants sont censés dire. Puis, au lieu de demander les mots pour cette paire, il présente une autre paire et demande le transfert de ce qui vient d'être appris à ce qui est présenté.

En général, les langues manifestent dans leur comportement la conscience du changement dans le champ de la perception. D'une manière ou d'une autre les sons produits indiquent que cette affirmation, *deux réglettes rouges*, diffère de *une réglette rouge*. C'est l'attribut de cohérence mentionné précédemment. Désormais, grâce à notre étude des nombres, nous pouvons les utiliser comme adjectifs numéraux et faire varier les situations offertes aux étudiants pour s'exprimer. C'est ainsi qu'une séquence sur les sons, mise en relation avec le pointage d'un assortiment de réglettes dressées sur une table, peut aboutir à ce qu'une classe dise « cinq réglettes jaunes, deux réglettes noires, quatre réglettes rouges, une réglette bleue », etc.

Chaque langue va suggérer différentes structures pour décrire ces dispositions. Le mot *Réglette* après une première série de phrases pourra être laissé de côté ou remplacé par un pronom (en anglais *one* ou *ones*). Si on introduit le mot *et*, dès qu'on tient ensemble deux réglettes ou deux couleurs et, si on conserve ce mot au long des différentes appellations rencontrées (comme c'est nécessaire en japonais) ou seulement une fois à la fin d'une énumération entre les deux derniers mots (comme en français), on obtient une phrase très longue décrivant le pointage d'un assortiment de réglettes dans lequel les apprenants ont dû apprendre comment faire usage d'eux-mêmes pour faire ce que les natifs de cette langue font quand ils changent de couleur et de nombre ; quand ils passent du nom au pronom et à l'élision ; et quand ils utilisent la conjonction de coordination à la bonne place.

Regardons cette situation de plus près. Nous sommes au tout début de notre travail, nos apprenants (soigneusement guidés par l'enseignant), perçoivent l'assortiment de réglettes devant eux et gardent à l'esprit un petit nombre de mots pour lesquels ils ont payé les ogdens. Maintenant ils sont amenés à utiliser leurs perceptions pour déclencher les sons appropriés dans l'ordre approprié et à le faire sciemment, en observant la vitesse du discours, la prononciation correcte de chaque mot, les accents toniques, les liaisons, les groupes de mots et les pauses au bon endroit, de la bonne durée, pour produire une mélodie acceptable.

Jusqu'à présent c'étaient des mots ou des signes en couleur qui déclenchaient les sons de la nouvelle langue. Maintenant les déclencheurs sont les objets et les attributs variables par leur nombre, leur ordre (indiqué par les mouvements du pointeur), la substitution du nom par le pronom, et la conjonction.

Les apprenants agissent de manière complexe dans la nouvelle langue, bien que nous ne soyons qu'au début de l'apprentissage. Ils le font bien parce que cela a du sens pour eux, et qu'en fait, c'est facile.

Ils ont été à nouveau libérés parce qu'on n'a exigé aucune mémorisation de leur part, et on a obtenu la rétention grâce à leur responsabilité dans l'acte d'apprendre, et grâce à la pratique variée qui leur a été offerte, rendue possible par l'usage des outils tels que les réglettes et le pointeur. Le Fidel reste à disposition pour que les apprentissages précédents s'intègrent avec les nouveaux et que chacun d'eux contribue à ce que les apprenants soient, dans le domaine qui vient d'être couvert, aussi compétents que leur enseignant.

Dans un même groupe, l'enseignant appellera deux apprenants à s'asseoir ou à se tenir debout de chaque côté de lui, de préférence un homme et une femme afin de mettre en valeur l'impact du genre sur les mots dans la langue étudiée.

Avoir la préoccupation du feedback est une autre caractéristique de l'approche scientifique que nous défendons dans l'apprentissage. Nous voulons pouvoir en permanence prendre le pouls de la classe et pour cela nous assurer que ce que nous entendons provient bien des apprenants et n'est pas simplement la répétition de ce que l'enseignant a dit. Dans ce but, si des verbes doivent être introduits, ce sont les verbes d'action et à l'impératif qui seront les plus utiles parce qu'ils montrent immédiatement que les apprenants ont compris en générant une action sans équivoque.

Les verbes que nous utilisons au début dans toutes les langues sont *prendre* ou *ramasser, donner* et *mettre*. Il est facile de les mettre en évidence sans mots d'explication. Le premier verbe est indiqué clairement en disant à un apprenant : *Prends une réglette ___ (ou d'une autre couleur),* et ensuite de prendre sa main et de la mettre sur la réglette mentionnée et de fermer ses doigts dessus. Immédiatement après l'enseignant incite cet apprenant par des gestes à dire à l'autre : *Prends une réglette ___* (selon ce qu'il choisit).

Le deuxième apprenant est invité à dire au premier une autre de ces formes au singulier, et l'enseignant, par un geste des mains, ajoute immédiatement l'équivalent de *Donne-la-moi*. Ensuite, se tournant vers l'autre apprenant, l'enseignant dit, *prends ...... et donne-la-moi*. Si cet ordre est exécuté, l'enseignant indique par des gestes à cet apprenant qu'il doit donner un ordre semblable à l'autre apprenant. Si c'est le cas et que celui qui parle reçoit bien la réglette, l'enseignant demande cette réglette en retour, et on démarre ainsi un tour de *Donne-la-moi*. Après avoir fait un ou deux tours, l'enseignant introduit *Donne-la-lui*, ou de la forme équivalente dans cette langue. L'avantage de cette nouvelle structure est que toute la classe peut être impliquée et que chacun peut dire à l'une des trois personnes de ce petit groupe : *prends une réglette __ et donne-la-lui* ; dans cette séquence pour compléter ce travail, on peut ajouter, *Donne-la-moi*, par celui qui reçoit en fin de parcours.

Maintenant nous devons envisager plusieurs choix. Nous pouvons soit aller vers le pluriel et remplacer *la* par *les*, si cela existe dans cette langue, soit demander que l'on prenne une variété de réglettes et les donne, certaines à l'un, d'autres à l'autre par exemple : *Prends trois réglettes bleues et deux noires, donne-lui une noire et donne-moi une bleue.*

Cela va nous entraîner dans une situation qui nous forcera à introduire l'article défini, (s'il existe), et une nouvelle structure telle que *Donne-moi* au lieu de « *donne à moi* » (si elle existe). L'article défini au pluriel (s'il existe) peut aussi être introduit en demandant plus qu'une réglette.

Si le groupe comporte moins de vingt apprenants, nous pouvons demander à chacun d'eux de dire à ses voisins de prendre des réglettes et d'en donner quelques-unes à eux-mêmes et à d'autres apprenants. Pour cela on n'a besoin que d'une boîte de réglettes que l'on fait passer en cercle d'un apprenant à l'autre jusqu'à ce qu'elle revienne sur la table au point de départ. Pour introduire de la variété, l'enseignant peut, par des gestes à l'apprenant sur le point de parler, proposer de demander de prendre telle quantité de réglettes, de lui en donner telle quantité, et de donner telle autre quantité à quelqu'un d'autre près de lui. Dans des classes plus nombreuses, les apprenants appelés devant tout le monde peuvent être remplacés par des groupes de deux ou plus, que l'on espace ; la classe peut s'exercer de cette façon pour le premier pronom personnel, mais dans les autres cas, toute la classe peut s'exercer en chœur.

Avec le verbe *mettre* on peut introduire *ici*, *là*, les adjectifs démonstratifs et les pronoms. Par exemple : *Prends six réglettes, mets une réglette ici, deux-là, et donne-moi trois réglettes.* A chaque fois on montre l'emplacement de *ici* et *là* en les pointant.

Après qu'on a introduit *cette, celle-ci, celle-là,* et *ces, celles-ci celles-là*, avec le verbe *mettre*, il est possible d'introduire *est* et *sont* (s'ils existent) et d'obtenir des phrases telles que : *Cette réglette est jaune et celle-ci est bleue.* Ou bien : *Ces réglettes sont ..., ces deux sont bleues, celle-ci est blanche, et ces trois sont noires.*

A partir de là on peut introduire : *la couleur de cette réglette est ...* ou *les couleurs de ces réglettes sont ....* Et commencer à poser des questions avec *quelle*.

Les pronoms possessifs, les adjectifs et le verbe avoir (s'il existe) peuvent être introduits ensemble en mettant en scène quelques apprenants et l'enseignant. D'abord chacun tient une réglette (de couleur différente) et l'enseignant dit *Ma réglette est bleue* et chacun exprime à son tour la possession de la même manière. Ensuite l'enseignant met en circulation l'équivalent de *son, sa, leur, notre, nos, votre, vos,* et les formes correspondantes pour les pronoms.

En donnant à un ou deux apprenants des réglettes de même couleur on peut introduire le mot correspondant à *aussi* avec la compréhension immédiate de ce qui est exprimé. Et on peut introduire ici *La mienne aussi* comme expression équivalente.

Par la suite (ou avant), on peut introduire *une autre, l'autre* en utilisant pour le premier *prendre* et pour le second *donner*.

Les apprenants peuvent se présenter en disant : *Mon nom est* ... ; leurs noms peuvent être utilisés dans la phrase comme substantifs avec les adjectifs possessifs en différentes combinaisons. Puis ils peuvent remplacer *Mon nom est* en utilisant les pronoms sujets avec le verbe *être* au présent : *Je suis untel* ... On peut poursuivre par *Je suis ici, tu es là-bas,* ou *Nous sommes ici et elle est là-bas.*

Maintenant ou plus tôt, il y a eu plusieurs occasions d'introduire la forme négative, *ne...pas,* avec : *ma réglette est bleue, elle n'est pas rouge* ou bien *ta réglette n'est pas jaune, elle est orange.*

Oui et *non*, comme faisant partie d'une réponse ou apposés à autre chose, sont facilement mis en circulation par : *Sa réglette est-elle bleue ?* Si la réponse est affirmative *Oui* suffit, alors que *Non, elle est jaune,* est la réponse que demande la forme négative.

Si nous voulons enseigner le français, le pronom *en* peut être introduit assez tôt et peut tout-à-fait être compris. En particulier *je n'en ai pas,* qui a la réputation d'être un obstacle majeur pour les locuteurs non français, devient évident quand on le pratique à ce niveau.

Travailler avec des situations composées à partir des réglettes transpose, dans la classe, le naturel que les bébés trouvaient à la maison dans leur environnement. Les significations viennent de situations et non de mots ; et les apprenants semblent être prêts à demander les structures correctes de la nouvelle langue pour combler ce qui leur manque afin d'exprimer dans cette langue ce qui, selon eux, devrait correspondre à cette situation.

Il en résulte qu'il n'existe pas vraiment de structure difficile qu'on ne puisse illustrer par des situations appropriées, créées avec des réglettes servant d'appui à des actions, à propos desquelles on fait des phrases, en introduisant des mots spécifiques dont le sens associé est évident. Ce que les enseignants doivent faire c'est organiser la pratique de telle façon que l'esprit des apprenants déclenche spontanément l'utilisation des nouveaux mots.

Il y a un principe que nous avons toujours suivi dans notre travail qui consiste, autant que possible, à ne donner qu'un seul mot nouveau, ou une nouvelle expression à la fois, et à la pratiquer jusqu'à ce qu'elle devienne comme une seconde nature, avant d'introduire le mot suivant. Cela permet de s'assurer que la rétention a bien lieu sans rabâchage ni répétitions passives, que les bases sont traitées de manière systématique, que la langue est intégrée progressivement, et que les apprenants sont à l'aise pour se servir du matériel correctement, aussi bien que les natifs le font.

Nous verrons dans les prochains chapitres comment la grammaire de toute langue peut être approchée empiriquement avec sensibilité et confiance, et pas nécessairement par des énoncés de règles de grammaire. Celles-ci toutefois peuvent être facilement formalisées si nécessaire, parce que, à ce stade d'observation du fonctionnement de la nouvelle langue, l'apprenant est conscient de ce qu'il fait avec sa volonté et sa connaissance.

5 – Indépendance, autonomie et responsabilité

Pendant un certain nombre d'années notre façon de travailler, appelée le « Silent Way », était surtout réputée pour cette proposition étrange selon laquelle les enseignants devraient se taire quand ils enseignent une langue. Ceux qui ont constaté à quel point un enseignant silencieux peut être efficace par rapport à un enseignant qui parle beaucoup ont donné au silence une aura exagérée qu'on devrait lui enlever.

Le silence n'est pas une idée brillante d'un seul professeur : il a une place bien définie dans l'enseignement, au moment où la situation l'exige, ni plus ni moins. Le lecteur comprendra mieux, si nous revenons à la suggestion faite précédemment, que le but d'un bon enseignement est d'amener les apprenants à être indépendants, autonomes et responsables.

Assurons-nous d'abord que nous comprenons bien que nous possédons tous ces attributs quand nous utilisons notre langue maternelle pour des usages quotidiens, pour nous exprimer et tenter de rejoindre les autres par des mots.

L'indépendance est la notion consciente que nous ne pouvons compter que sur nous-mêmes. Etant donné que notre outil pour parler est fait de parties somatiques qui sont mises en mouvement par notre volonté, nous savons déjà, depuis le temps où nous étions de tout jeunes bébés, que c'est nous-mêmes seulement qui pouvons produire nos sons et que nous ne pouvons jamais demander à quiconque de le faire à notre place. En tant que bébés, pour cette raison, nous nous engageons immédiatement dans l'étude de la production des sons et nous atteignons sa maîtrise en quelques mois. Nous avons conscience que c'est nous-même qui contrôlons les choses, et de là découle la conscience que nous sommes indépendants.

Du fait que nous sommes nés sans savoir parler, et parce la langue que nous allons apprendre se situe apparemment à l'extérieur de nous, nous pourrions faire l'erreur de croire que chacun de nous est totalement dépendant de son environnement. En fait, ce serait confondre deux variables distinctes. En général, l'histoire d'un groupe linguistique est inconnue au-delà d'une certaine date, personne ne pouvant facilement imaginer comment ce groupe est arrivé à parler cette langue et l'a transformée tout au long de son histoire en ce qu'elle est devenue maintenant (ne sommes-nous pas frappés par un ou deux faits tout en laissant le reste de côté ?). Les personnes sourdes n'ont pas accès à la langue de leur environnement. Les personnes non sourdes commencent par s'entendre elles-mêmes et par se donner un cadre de référence, sur lequel elles construisent le sens des sons entendus, afin de commander à leurs organes phonatoires de produire leur équivalent. Chacun de nous, là encore, se concentre sur son indépendance, tout en appartenant finalement à un groupe linguistique en ce qui concerne la langue parlée.

Notre indépendance résulte du fait que nous portons en nous-mêmes tout ce qui est nécessaire à l'apprentissage de n'importe quelle langue. Les langues mortes et les langues anciennes, quant à elles, sont restituées à partir de manuscrits, conservés sur les étagères des bibliothèques, qui ne sont pas un environnement fait pour tout le monde mais seulement pour ceux qui savent en tirer parti.

C'est pourquoi nous pouvons mettre au crédit de nos étudiants qu'ils savent comment être des apprenants indépendants avant même que nous ne les rencontrions dans nos classes. S'ils sont capables d'entendre les gens, l'enseignant pourra s'appuyer sur cette capacité de reconnaissance auditive. Ceux parmi nous qui agissent ainsi participent à l'esprit du Silent Way.

Dès l'instant où nous découvrons que nous sommes tous capables d'utiliser, non seulement ce que nous entendons, prononcé par les gens autour de nous, mais aussi les transformations de la langue qui se présentent dans les différentes circonstances de notre vie, nous faisons la preuve de notre autonomie en plus de notre indépendance. Le type de rétention demandé par la langue maternelle est celui qui peut être déclenché, avec une conformité totale, c'est-à-dire celui de la reconnaissance plutôt que celui de la mémoire fidèle.

C'est un fait donné à tout observateur, y compris aux jeunes enfants, que puisque tout le monde peut s'approprier une langue parlée dans l'environnement, la langue doit être, par sa structure même, adaptable à toute personne vivant et expérimentant des circonstances de toutes sortes.

Les mots font référence à des classes, et non à des éléments singuliers. Les classes sont vagues par définition, afin de permettre d'y inclure les éléments pouvant avoir, outre les propriétés faisant d'eux des membres de cette classe, un certain nombre de propriétés les distinguant les uns des autres. Les boutons, par exemple, sont considérés comme boutons grâce à une propriété, et cela n'exclut pas celle d'être brillant ou mat, rond, carré ou oblong, en métal ou en plastique, d'être d'une couleur particulière, bosselé ou plat, et ainsi de suite.

> Ici nous incluons un extrait du livre du Dr. Caleb Gattegno « Ces enfants, nos maîtres » qui développe ce thème.
> « *Voiture s'applique à toutes les voitures, verre à tous les verres indépendamment de la forme, couleur, etc. Les verbes couvrent une multitude d'actions ou d'états (sauter se réfère à toute une série de distances parcourues dans l'air dès qu'on a quitté le sol, pleurer englobe toutes les causes qui entraînent un tel comportement). Les adjectifs couvrent un large spectre d'impressions (rouge, rectangulaire, etc.) et ainsi de suite. Les enfants doivent donc apprendre à opérer les abstractions nécessaires pour donner à chaque mot sa signification particulière, tacitement reconnue par l'entourage. Et ils y parviennent.* »

Notons au passage que tout le monde peut utiliser le mot « Je », qui est toujours au singulier, par convention, bien qu'il n'évoque pas une classe.

Les mots sont reconnus non seulement comme des sons (comme des syllabes accentuées liées à d'autres non accentuées, qu'on peut relier à d'autres mots, ayant des fonctions dans les différentes phrases dans lesquelles ils sont incorporés), mais aussi comme déclencheurs de sens. L'ambiguïté semble être inévitable dans cette dernière opération car le déclenchement n'est pas celui d'une seule et même chose, ni identique pour tout le monde, ni tout le temps. L'utilisation de mots pour s'exprimer n'implique pas forcément que ce soit pour communiquer. Il est possible d'utiliser des mots délibérément pour tromper, et le fait que le discours et le mensonge soient compatibles peut nous servir de base pour faire la distinction entre expression et communication (de la même manière que l'on distingue la vérité et la cohérence). La première — l'expression — est un des pouvoirs de l'esprit, la seconde — la communication — est un évènement avec un taux de probabilité de réussite pouvant se réduire à zéro, comme lorsqu'on déguise la pensée de quelqu'un, et qui atteint rarement les 100%.

A cause de cet éventail de probabilités, on peut reconnaître que, alors qu'il est possible d'améliorer une expression par une meilleure aisance dans une langue, la communication, elle, ne peut progresser que lorsqu'une série de circonstances sont réunies : 1) quand les auteurs des phrases font attention à l'expression et vérifient que ce qui est dit est vrai, 2) quand les récepteurs des phrases les reçoivent vraiment pour ce qu'elles sont, c'est-à-dire quand ils ont appris à écouter pour recevoir et non interférer, 3) quand les récepteurs peuvent donner un sens à ce qu'ils ont entendu, 4) quand ils peuvent donner le même sens que l'émetteur ou s'en approcher suffisamment.

Il est presque impossible de remplir facilement toutes ces conditions, mais cela peut arriver. C'est pour cette raison que nous pouvons nous permettre de dire que dans le domaine des relations verbales « la communication est presque un miracle ».

L'autonomie des locuteurs résulte du fait qu'ils ont le choix parmi les expressions à leur disposition. Chaque langue offre des expressions équivalentes, et leur simple existence indique que les locuteurs ont la liberté de choisir parmi elles dans la langue. On trouve ces choix parmi les expressions parce que c'est la réalité qui les déclenche. Par exemple, nous pouvons dire soit *Je suis à votre droite* soit *Vous êtes à ma gauche*. Le choix existe parce qu'il y a deux points de vue au départ. Une fois que le choix est fait, il impose les mots nécessaires, et dans ces mots nous pouvons trouver ce qui a causé ce choix.

Les expressions équivalentes existent aussi pour nous dire que la langue n'est pas mémorisée, que si un mot n'est pas déclenché spontanément, notre intelligence peut le remplacer par d'autres, peut-être plusieurs autres, dans une phrase ou un énoncé. La capacité de produire des expressions équivalentes prouve encore une fois notre autonomie dans l'usage de notre langue.

Si ce sont bien là des propriétés caractérisant la manière dont nous avons assimilé notre langue maternelle, les négliger dans notre enseignement d'une seconde langue serait une perte pour nos étudiants.

Et il y a une troisième composante dans notre utilisation de la langue, celle que nous appelons **la responsabilité**. Il est clair que nous sommes d'abord responsables, parce que nous avons une volonté que nous utilisons quand nous disons quelque chose, ou bien nous abstenons de dire quoi que ce soit.

Nous sommes aussi responsables de ce que nous faisons quand nous nous préparons à dire quelque chose. Bien que nous ayons à notre disposition des mécanismes automatisés qui facilitent le déclenchement des mots, nous ne pouvons pas dire qu'ils sortent tout seuls de notre bouche. Par-dessus tout et au-delà de ces mécanismes, il y a les activités de l'esprit qui sélectionne parmi tous les éléments se précipitant dans notre conscience ceux pour lesquels nous savons qu'il existe des expressions, et qui fait en sorte que ces éléments déclenchent les mots. Nous sommes sélectifs et en cela, responsables de notre sélection.

Ceci fait apparaître en chacun de nous le critère d'adéquation entre le choix et l'intention. Les bébés connaissent leur responsabilité, et cela les aide dans leur rétention sélective du vocabulaire. En toute situation, ils peuvent percevoir s'ils n'ont pas établi d'association et s'ils n'ont pas le mot spécifique pour ça. Dans ce cas, ils observent les autres dans des situations similaires, prélèvent du discours entendu un ou plusieurs mots, et immédiatement se donnent une occasion de les utiliser. Le résultat de cette tentative décidera s'il faut conserver cette découverte ou poursuivre la recherche. Les soi-disant « mots abstraits » (comme s'il en existait de non abstraits !) demandent bien évidemment de faire aussi ce travail.

Par exemple l'expression anglaise : « *I might* » peut être ressentie comme appropriée quand on sent qu'une situation donnée offre une marge de choix, et qu'on est fortement enclin à faire l'action en question.

Chacun de nous développe des critères intérieurs en créant des outils mentaux afin de faire face, dans le virtuel, à tous les substituts de l'expérience. La langue fait partie de ces outils. Les fonctionnements de la langue incluent les nombreux déclenchements, à différents niveaux, et les connexions avec notre volonté, ainsi que la mobilisation d'une partie du Moi pour s'approprier le vocabulaire, les structures, les expressions idiomatiques. Les critères intérieurs sont les critères du Moi, même si pour beaucoup d'entre nous, ils fonctionnent sans problème, ils semblent automatiques, et dissimulent ainsi la présence de la conscience.

C'est parce qu'en tant qu'enseignant, nous sommes conscients de tout ce qui vient d'être abordé que nous pouvons faire des propositions qui subordonnent vraiment l'enseignement à l'apprentissage.

Nos techniques et matériels sont profondément liés à la conscience de toutes ces choses, et nous déplorons le fait que les gens qui se forment à l'approche Silent Way ne perçoivent parfois, comme contribution à l'enseignement des langues de cette longue recherche, que le silence ou les réglettes.

Si nous revenons sur les chapitres précédents, nous verrons que nous laissons à chaque apprenant la responsabilité de son choix pour les sons à produire, soit quand le pointeur parcourt les signes du Fidel, soit quand les caractéristiques d'une situation tangible avec les réglettes les déclenchent.

Cet usage de la responsabilité conduit à l'indépendance, mais il ne suffit pas à la garantir. La colorisation des signes du Fidel (et des tableaux de mots comme nous le verrons bientôt) donne aux apprenants les moyens d'exercer leur indépendance ; en effet le contact avec la réalité de ce qui est vrai, reconnu grâce à la perception, est le fondement de toute rétention. De plus, les circuits existants dans l'esprit et le cerveau sont délibérément rendus disponibles, pour donner au Moi la sensation que nos ressources sont à notre disposition, et ne sont pas des éléments simplement mémorisés, qui agissent dans l'incertitude parce qu'ils existent grâce à autrui.

Nous pouvons dire que nous avons cultivé l'autonomie dans la mesure où les choix au cours des exercices étaient délibérément mis en situation et où les apprenants étaient autorisés à les créer eux-mêmes, et en particulier en générant un climat de souplesse dans la nouvelle langue qui, comme la langue vernaculaire, est régie par des expressions équivalentes.

Chaque langue possède ses propres particularités et doit être traitée de manière singulière. Pourtant, si on s'en tient aux apparences, notre approche les aborde toutes de la même façon : pour chacune nous utilisons des Fidels en couleur, des tableaux de mots en couleur, des réglettes colorées et des pointeurs, et même, comme l'enseignant est silencieux à de nombreuses occasions, les classes sont organisées de la même façon, le contenu de nombreux tableaux est simplement transposé d'une langue à une autre, et, les mêmes images faisant partie des différents outils, les mêmes feuilles d'exercices les accompagnent. Même les trois livres inclus dans le matériel peuvent être considérés comme faisant partie d'une manière uniforme de traiter toutes les langues. Toutefois, il suffira d'un rapide examen de l'un de ces ouvrages : « les mille phrases », pour voir que les langues étant liées à des cultures différentes, les entrées dans le vocabulaire quotidien sont très différentes pour chacune.

La vérité ici, comme d'habitude, est au-delà de l'apparence. Tout nos outils sont des instruments ; c'est l'usage qu'on en fait qui constitue le contenu des cours que nous donnons. Nous avons vu que chaque Fidel est le résumé de tous les sons et de toutes les orthographes de chaque langue, qui bien sûr diffèrent les uns des autres, ainsi que les humains en ont décidé dans les différentes régions du monde. Mais tous nos outils exposent aux apprenants le panorama des éléments constituant la langue étudiée. Les Fidels donnent plus d'information aux apprenants que la table de Mendleïev n'en donne aux chimistes, car nous ne pouvons pas produire des composants chimiques en reliant les noms des atomes les uns aux autres à l'aide d'un pointeur, alors que nous pouvons induire les sons d'une langue maternelle de cette manière.

Ayant choisi les mêmes nuances de couleur pour tous les signes représentant les mêmes sons sur les Fidels des différentes langues, nous avons, d'une part, mis l'accent sur l'importance de l'indépendance, car cela nous donne accès dans la nouvelle langue aux sons que nous connaissons déjà dans la nôtre, et d'autre part nous avons généré un climat d'optimisme par l'expérience que toutes langues sont liées au niveau de leur fondement : les sons qui les composent.

Grâce à cette cohérence des couleurs sur les tableaux de mots, nous avons rendu les apprenants indépendants. Ils ont les moyens de décoder par eux-mêmes, dans n'importe quel écrit, plusieurs centaines de mots, que nous avons choisis pour leur pertinence dans le but de transmettre, en les combinant, toutes les structures de la langue en question ; et aussi dans celui de faire pratiquer le vocabulaire essentiel de cette langue (cf chapitres suivants).

Mais notre sélection de ce qu'il convient de mettre dans les différents tableaux est intimement liée aux exigences spécifiques de chaque langue, lesquelles peuvent être très différentes de celles déjà connues par les apprenants.

Par-dessus tout nous voulons que les apprenants puissent se comporter spontanément comme le font les locuteurs natifs. Nous ne pouvons atteindre ce but qu'en les guidant pour qu'ils forgent leurs propres critères intérieurs, tous ces critères qui sont devenus automatiques chez les natifs. Ces critères les rendront responsables et autonomes. C'est pourquoi nous commençons par ce qui est unique dans la nouvelle langue et qui la rend si différente des autres.

Notre utilisation des réglettes pour créer des situations libère les apprenants d'avoir à deviner ce que les mots veulent dire et à les traduire, car la réalité qui déclenche les mots a été rendue visible et les apprenants peuvent se concentrer sur le matériel verbal mis en circulation, sur le fait de devenir rapide, précis et intelligible pour les autres, par des sons clairs et corrects.

L'une des découvertes remarquables issue de cette manière de travailler est la facilité avec laquelle l'esprit de l'apprenant se met uniquement en relation avec la nouvelle langue, en bloquant le mécanisme qui déclenche toutes les autres. Ainsi, les langues d'origine des apprenants peuvent être aussi variées que possible, sans affecter le processus d'apprentissage. Tous les apprenants, quelle que soit leur origine sont enseignés de la même manière.

Les apprenants savent qu'ils n'inventent pas la langue qu'ils étudient. Ils savent qu'ils n'ont pas le droit d'exiger qu'elle se comporte différemment de la façon qui leur est présentée. Ils acceptent que ce soit la « justesse » plutôt que la réalité qui justifie son usage et ils avancent le plus vite possible vers l'acceptation des expressions idiomatiques de la nouvelle langue (*Note de l'auteur* : Cette sagesse a été à tort prise pour de l'imitation, particulièrement dans le cas des bébés, alors qu'en fait personne ne peut apprendre à parler par imitation).

Cette acceptation de la réalité du système contraint qui constitue toute langue leur rend beaucoup plus facile l'assimilation des soi-disant « particularités difficiles » des langues. De ce fait, dès le début, c'est-à-dire depuis le contenu du tableau n°1, nous offrons la pratique du genre, ou absence de genre, des déclinaisons, des accords verbaux, des pluriels, des pronoms, de nombreux adjectifs, de prépositions, de conjonctions, du vocabulaire très fonctionnel permettant de former toutes les structures de la langue, quelles que soient leurs complexités. Bien que restreignant le vocabulaire, nous avons constaté que nous ne réduisons pas pour autant la langue accessible aux apprenants.

Cette découverte que le vocabulaire nécessaire à enseigner (c'est-à-dire dans lequel engager les apprenants) peut se réduire à seulement quelques centaines de mots, nous a conduits à différer l'expansion du vocabulaire et à insister sur le fait que notre responsabilité d'enseignants est de faire en sorte que les apprenants puissent fonctionner dans la langue et non accumuler des phrases toutes faites qui, par exemple, pourraient seulement être utiles dans certains aspects d'un voyage. Faire en sorte que les apprenants sachent fonctionner dans la langue est lié au fait de les rendre plus libres. Une fois lancés, ils vont retenir plus facilement des ensembles de mots qui conviennent dans certains cas, comme d'ailleurs ils le prouvent quand nous leur proposons les posters en grand format ou le livre des « Mille phrases ».

Faciliter l'étude du vocabulaire fonctionnel grâce aux réglettes et aux tableaux de mots sera l'objet du prochain chapitre. Pour clore celui-ci, rappelons que nous n'utilisons le silence que lorsqu'il est pertinent ; si c'est souvent le cas, c'est seulement parce que ce sont les apprenants qui doivent faire le travail pour s'approprier une langue, et que nous devrions les laisser le faire sans interférer.

Mais nous utilisons tellement plus que le silence dans le « Silent Way » ! c'est la posture des enseignants sensibles, responsables, qui savent que leur travail est de se mettre du côté des apprenants. En permanence. Afin que ces apprenants se connectent à la langue, à ses exigences, et aux résultats qu'ils obtiennent parce qu'ils découvrent que leurs talents peuvent être utilisés d'une manière différente, qui révèle à chacun d'eux l'apprenant compétent qu'il est, ou au moins qu'il a déjà été.

Apprendre une langue en effet va plus loin qu'acquérir de nouveaux comportements : c'est un pas de plus pour devenir une personne plus libre.

6 –
Usages multiples des réglettes et des tableaux muraux

Alors qu'une même boîte de réglettes peut servir à enseigner n'importe quelle langue, chaque langue requiert son propre jeu de tableaux. Il n'est pas très utile dans ce livre, qui est consacré à l'enseignement de toutes les langues, de remplir des pages et des pages avec la reproduction des tableaux des différentes langues. Nous avons donc choisi de parler ici seulement de ce qui peut être fait avec les réglettes, et de montrer que les mots qui leur correspondent figurent dans la succession des tableaux.

Les apprenants doivent avoir à leur disposition un certain nombre de mots pour pouvoir faire des phrases. C'est en fonction de cette nécessité qu'ont été choisis les mots des tableaux et leur emplacement. Il existe des mots spécifiques, comme par exemple les outils particuliers qu'utilise un dentiste. Leur donner un espace sur ces tableaux de mots a été jugé inapproprié. Au contraire, un pronom personnel sera appelé à servir dans de nombreuses phrases et un grand nombre d'occasions.

L'espace, sur les tableaux de mots, est la première des préoccupations. Etant donné que les tableaux sont censés être disposés dans des classes pour être vus à une distance d'environ 10 mètres, on ne peut pas y placer plus de 40 mots. Au total, 20 tableaux occupent l'espace habituellement disponible sur les murs d'une classe. On ne peut pas espérer placer plus de 800 mots sur de tels tableaux en couleur et, en fait, ce que nous proposons représente environ 500 mots en 12 tableaux. Ceci laisse de l'espace pour les tableaux du Fidel (8 tableaux sont nécessaires pour l'anglais ou le français, et entre 1 et 4 tableaux pour les autres langues).

Selon notre expérience, l'espace des tableaux de 16x22 pouces carrés, ou de 40 par 55cm, peut être utilisé de différentes manières jusqu'à y inclure 40 mots. A l'exception du tableau dédié à la numération, qui est pensé pour être un tout en soi, et de ce fait pourrait contenir quelques mots d'autres tableaux, nous évitons les doublons. Mais on peut également gagner de la place en mettant au bord des tableaux des terminaisons de mots, qui pourraient servir avec plusieurs radicaux à construire différentes conjugaisons et paradigmes, adverbes, déclinaisons, et ainsi de suite.

Bien sûr, étant donné que les pronoms sont plus économiques que les noms, tous les pronoms sont donnés, mais très peu de noms sont inclus (à moins que pour certaines langues, ils soient utilisables pour d'autres fonctions, comme c'est le cas en anglais et en arabe).

Nous avons décrit dans le chapitre 4 comment nous introduisons les réglettes et pourquoi nous utilisons des verbes d'action à l'impératif. Nous pouvons à ce stade observer qu'il est possible d'amener les apprenants à retenir ces mots et à se les dire spontanément les uns aux autres : « *Prends ___ et donne ___* », en utilisant les pronoms singuliers et pluriels ; et puisqu'ils peuvent augmenter a) le nombre de phrases, simplement grâce aux substitutions, b) leur longueur en utilisant les conjonctions, c) leur variété grâce à la négation et certaines en combinant ces actions, les fonctions du tableau n°1 sont multiples :

- soulager la mémoire en gardant les mots visibles pour les apprenants ;
- aider à la mémorisation en mettant, grâce au code couleur, les mots nécessaires à disposition avec leur prononciation ;
- indiquer que les substitutions sont possibles en donnant une première structure pour une phrase, puis plusieurs phrases supplémentaires avec cette même structure ;
- fournir un certain nombre de structures qui sont immédiatement utilisables et compréhensibles bien qu'invisibles sur les tableaux ;
- offrir la possibilité de pointer des phrases visuellement (dictée visuelle) pour que les phrases soient lues, mises en actions, ou écrites par les apprenants ;
- donner l'occasion de vérifier que les apprenants sont capables de faire des phrases, de les corriger dans la nouvelle langue et de donner l'ordre à d'autres apprenants de faire des choses qui sont d'un certain niveau de complexité (comme prendre certaines réglettes et les donner à un certain nombre de personnes, d'une certaine manière, et dans un ordre défini) ;
- donner la possibilité de voir que même avec un nombre limité de mots,

la langue produite dépend de l'imagination de l'utilisateur et non de la quantité de mots qu'il utilise.

Ce qui est appris dans le tableau n°1 servira encore quand on ajoutera d'autres tableaux. Tout ce qui vient après est expansion. Les apprenants peuvent dire de plus en plus de choses et exprimer beaucoup plus de relations dans la nouvelle langue. Ces relations concernent les personnes situées dans l'espace et dans le temps, et engagées dans des causes et des effets. Les gens ont des noms, des tailles et ont des positions dans l'espace et le temps, par rapport à d'autres personnes et d'autres lieux, dans une culture qui quantifie et qualifie. De ce fait les tableaux offrent des collections de mots qui permettent de se référer au présent, au passé et au futur, aux conditions, aux doutes, aux hypothèses, à l'espace, l'orientation, la localisation, la distance, la forme et le positionnement; des mots qui servent à exprimer les relations temporelles, la simultanéité, l'ordre, la durée ; à dire l'heure et la date, à quantifier ; à compter, à distribuer et partager ; des mots qui permettent de relier les mots entre eux, de parler et dire, montrer, expliquer, demander, répondre ; de moduler les expressions par des adverbes, de décrire, de raconter, de questionner, discuter, etc.

Quand nous disons que les réglettes servent à **faire prendre conscience** aux apprenants de la manière de dire dans une langue particulière quelque chose qu'on sait déjà percevoir et exprimer dans une autre langue, nous pensons à ce que nous faisons de nous-même, afin de créer à l'aide des réglettes une situation (statique ou dynamique) qui contienne l'idée au moment où les mots sont prononcés ou pointés sur les tableaux.

Il est facile de voir que les mots « en même temps » et « simultanément », peuvent être rendus concrets simplement en utilisant ses deux mains pour prendre deux réglettes (ou deux groupes de réglettes), montrant le contraste des situations et, par conséquent, les mots qui expriment « une après l'autre » ou « successivement ».

On voit facilement que si on parle avant d'agir on se réfère à l'intention, donc au futur, alors que parler en même temps qu'on agit demande le présent, et parler après l'action, le passé. Ainsi il est possible de regrouper les trois temps dans une seule situation qui les fasse distinguer clairement entre elles et ainsi éliminer la confusion entre les conjugaisons. La pratique proposée sera la suivante :

On introduira comme convention pour « avoir l'intention de » un geste qui précède l'action, soit de tenir son front avec une main, soit de mettre un doigt contre sa tempe. Pour créer ces situations, soit on prononcera les mots, soit on les pointera au Fidel soit sur les tableaux de mots pour l'expression anglaise « *I am going to* » *(je vais...)*. On y ajoute le verbe d'action « prendre une à une (ou deux à deux) les réglettes ___ » ou bien « faire un mur, ou une route, ou un plan de maison », etc., ou « rassembler les réglettes jaunes » ou encore « lancer réglettes » et ainsi de suite.

Au démarrage de l'action, il n'y aura pas besoin de convention, et la perception montrera clairement ce que «*Maintenant, je prends*, ou *je fais*, ou *je lance* » veut dire. Ceci fait, de nouveau avec notre convention gestuelle pour une action terminée, les mots prononcés seront « *J'ai pris*, ou *j'ai fait*, ou *lancé*, ou *rassemblé* »

L'enseignant devra peut-être faire jusqu'à 4 fois ces séquences pour établir les structures de base. Ensuite, il demande à un des apprenants de prendre sa place et de reproduire la séquence décrite plus haut, en mimant en silence, par des gestes, ce qui vient d'être fait, afin de prouver qu'il peut s'en souvenir et reproduire les expressions d'intention, être engagé dans l'action, et aller jusqu'au bout de cette action.

L'enseignant demande à l'apprenant de répéter cette scène et dit : « Il, ou elle va prendre » suivi de « il, ou elle prend » suivi de « il, ou, elle a pris... ». Ensuite, rejoignant l'apprenant il introduira « *Nous allons prendre* « nous prenons... », etc. Placer deux étudiants à la même table donnera « Ils vont », etc.

Quand un ou deux apprenants deviennent l'objet de la description, « ils ou elles », ou « ils » se transforment en « vous » dès l'instant où l'enseignant, au lieu de faire un geste de la main vers lui-même ou vers ces deux, se tourne vers la classe et s'adresse directement à elle.

Bien entendu ceci n'aurait pas été nécessaire si, à une occasion précédente, le pronom sujet avait déjà été introduit. La classe pourrait montrer qu'elle sait élaborer le raisonnement nécessaire en faisant tous les transferts de mots en fonction de la situation.

Ce genre de pratiques offre de multiples avantages pour les apprenants. Premièrement, elle leur fait découvrir les pronoms ensemble et leur fait savoir quand et lequel utiliser, plutôt que de devoir s'en souvenir dans un ordre préétabli. Deuxièmement, les apprenants ont dû s'adapter à une situation avec des indicateurs visibles qui déclenchent certains mots plutôt que d'autres, ils expriment un ensemble de phrases plutôt qu'une règle apprise par cœur. Troisièmement, ils distinguent les parties des phrases qui se rapportent au déroulement dans le temps de celles qui varient à cause de l'action en cours. Quatrièmement, cela les rend capables d'élaborer par eux-mêmes un tableau, si nécessaire, à partir de leurs observations : comment la langue se comporte-t-elle pour relier l'intention avec l'infinitif d'un verbe variable ? Quel est le processus de l'action avec le présent ? et une fois l'action accomplie avec le passé composé ? (du moins dans les langues romanes ou germaniques).

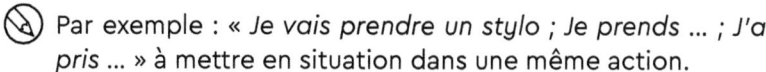 Par exemple : « *Je vais prendre un stylo ; Je prends ... ; J'ai pris ...* » à mettre en situation dans une même action.

Ainsi, cela leur donnera un sens de ces entités grammaticales qui leur servira de référence dans la suite de l'étude des comportements de cette langue.

Les réglettes sont un véhicule pour n'importe quelle langue. L'enseignant, qui connait une langue donnée, pourra mettre dans le jeu de tableaux les éléments qui peuvent aller avec les illustrations offertes par les situations construites avec les réglettes et permettant aux apprenants de découvrir les exigences spécifiques de cette langue. De cette manière, les tableaux deviennent un autre instrument que nous pouvons utiliser pour libérer les apprenants. Ces tableaux ne sont pas grand-chose par eux-mêmes car ils exposent seulement des mots en couleurs, mais l'utilisation du pointeur obligera les apprenants à dire ce que disent les natifs en passant par le même chemin qu'eux, sans avoir recours à la traduction, toutefois non sans une illustration avec des réglettes ou des membres de la classe, pour générer la compréhension.

Le travail consistant à sélectionner les mots et les terminaisons permettant de s'adapter au genre, au cas, nombre, temps, mode, etc., est le plus important, et il existe une science qui poursuit uniquement cet objectif. Elle indique que, si on veut que les gens fonctionnent dans la nouvelle langue, nous devons d'abord leur donner le *vocabulaire fonctionnel*, c'est-à-dire *les éléments qui génèrent la grammaire de la langue*. Ces éléments sont ceux que nous trouvons si, par exemple, nous prenons n'importe quel article ou passage d'un texte et nous rayons la plupart des noms, des adjectifs et un certain nombre de verbes ; ce qui reste se rapporte à soi et aux autres, dans les nombreuses relations de la vie quotidienne. C'est pourquoi nous pouvons décider assez facilement ce qu'on va mettre dans notre liste de vocabulaire fonctionnel.

Dans toutes les langues le tableau n°1 contient, comme décrit dans le Chapitre 4, les noms pour les couleurs des réglettes (incluant ou non les mots pour clair et foncé), le mot pour réglette, les moyens de fabriquer le pluriel, les verbes *prendre, donner, mettre*, à l'impératif ; les pronoms personnels ; les adjectifs possessifs et démonstratifs, et les pronoms, et dans certaines langues des mots pour poser les questions.

Les tableaux 2 et 3 ajoutent à ces mots le reste des pronoms (relatifs, interrogatifs, personnels, indéfinis), et les mots pour dire *ici, là, de, pour*. Le mot pour *nom* est utilisé pour rendre possible l'engagement personnel des étudiants dans leurs phrases ainsi que permettre aux membres du groupe de faire connaissance entre eux. Si on veut, on peut lier à cela des formules de politesse pour présenter quelqu'un. Dans certaines langues, ces mots introduisent aussi les verbes réflexifs.

Le tableau A (dans le jeu français) est dédié aux nombres. Nous avons décrit son utilisation dans le Chapitre 3. On pourrait aussi l'appeler Tableau 0 car il arrive souvent avant même le Tableau 1 pour apporter aux apprenants la prononciation fluide *en même temps* que la compréhension totale de tout un pan de la langue.

Le tableau 5 peut être consacré aux relations dans l'espace et aux nombreux mots qui les décrivent. Les réglettes sont parfaites pour cette introduction car c'est tellement facile de placer deux réglettes *côte à côte, l'une sur l'autre, derrière ou en face l'une de l'autre, face à face, dos à dos, sur le côté, à gauche ou à droite de, entre d'autres, plus près,* ou *plus loin*.

Comparer les tailles donne des occasions pour les comparatifs et les superlatifs.

Le tableau 6 peut être consacré aux relations temporelles qui en français donnent : *maintenant, plus tard, après, avant, en même temps, pendant que, bientôt, jusqu'à ce que, déjà, quand* et *jusqu'à*. Dans les Tableaux 4, 5, 6, sont introduits des mots qui se rapportent à l'ordre, la causalité, la dépendance, la condition, l'âge, la similitude, les différences, les quantificateurs (*quelques, plusieurs, un peu de, beaucoup de, tous, toutes*), des signes qui peuvent produire

6 - USAGES MULTIPLES DES RÉGLETTES ET DES TABLEAUX MURAUX

des adverbes à partir des adjectifs, des gérondifs à partir des radicaux des verbes. Ainsi, à chaque fois que c'est possible, on utilise les réglettes, mais elles ne conviennent pas toujours ; par exemple, pour indiquer ce que jeune ou vieux signifie. Nous pourrons soit décider de différer l'introduction de ces mots jusqu'à ce que les images soient introduites, soit, quand c'est possible, utiliser les mises en situation des personnes dans le groupe, ou inviter quelqu'un dans le groupe.

Le but du tableau 7 est d'apporter des nuances données par les adverbes, et — comme, avec un certain suffixe, les adjectifs peuvent souvent être transformés en adverbes — ce tableau donne aussi l'occasion d'augmenter le nombre de qualificatifs. Les tableaux 8 et 9 ont pour but de compléter la présentation des verbes se référant à des variations culturelles compliquées si c'est le cas (comme en hindi, coréen, japonais, thai par exemple).

Le tableau 10 est consacré aux relations familiales.

 Les numéros des tableaux ont évolué depuis leur première édition selon les différentes recherches, les langues et cultures.

Dans certaines langues un vaste et important vocabulaire se réfère aux quantificateurs qui correspondent aux nombres et qui sont des mots spécifiques sans lesquels on créerait la confusion. Ces éléments de quantité occupent un tableau spécifique pour le japonais, le coréen, le chinois et le thaï, et viennent souvent juste après le tableau des nombres. Pour ces tableaux, les réglettes ne sont pas l'outil adéquat car seul un des adjectifs de quantité pourrait s'y appliquer. Les objets spécifiques auxquels ils se réfèrent sont nécessaires et doivent être apportés en classe.

Malgré ces restrictions particulières, les réglettes demeurent les instruments les plus valables que nous ayons jamais trouvés parce que leur quantité, mobilité, taille, variété, et uniformité leur donne des possibilités implicites pour créer des expressions d'équivalences. Et cela crée l'autonomie chez les apprenants. Les réglettes peuvent former des ensembles. Certains sont des ensembles d'équivalences (toutes les jaunes, toutes les rouges...), certains sont des ordres (de la plus longue à la plus courte, de la plus petite à la plus grande...), d'autres sont des multiples ou des fractions (les doubles et les moitiés, les triples et les tiers...), certaines forment des ensembles géométriques (carrés, rectangles, prismes, cubes, trains, murs, périmètres, surfaces)

On peut utiliser les réglettes pour mesurer, pour représenter des schémas (des horloges, le plan d'une pièce, des meubles, des maisons, des parcs, des bancs...), même pour représenter des personnes comme par exemple, une réglette peut s'appeler *Madame* ou *Monsieur Noir*, et une autre, *Monsieur* ou *Mme Vert* ou *M. Brun* et ils peuvent être animés sur la table comme des marionnettes parmi d'autres réglettes qui représentent les arbres, les portails, les barrières, etc.

Dans le prochain chapitre nous verrons comment nous pouvons exploiter les mots des tableaux. Ici nous voulons illustrer comment les réglettes servent à ces trois choses : introduire la perception qui déclenche quelques mots fonctionnels, rendre visibles des distinctions subtiles, et étendre l'usage des réglettes à des situations de la vie.

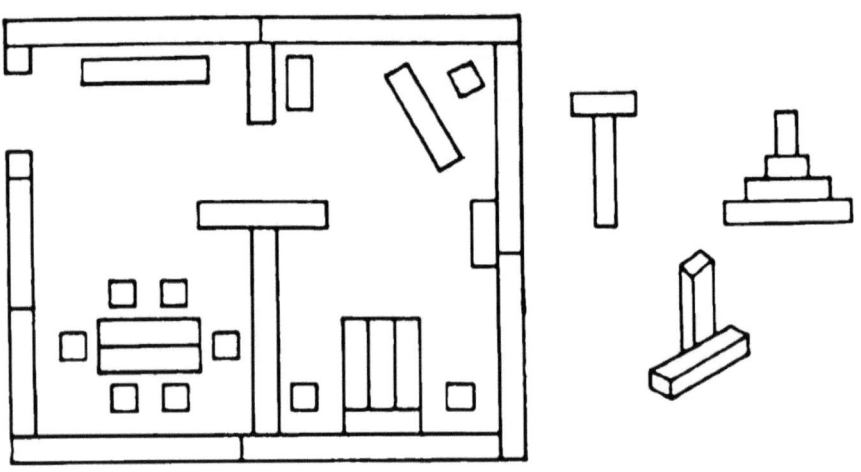

A. EXEMPLES D'INTRODUCTION DE DÉCLENCHEURS POUR LES CAS SUIVANTS :

1- Une série d'expressions pour les relations dans l'espace

L'enseignant est assis à un bureau, les élèves sont assis autour et lui font face. L'enseignant tient deux réglettes verticalement à une certaine distance l'une de l'autre. Avec ses mains il peut les déplacer, les rapprocher ou les éloigner l'une de l'autre. Cette action sur la distance peut être associée avec les phrases suivantes : « *Ces deux réglettes sont éloignées d'une certaine distance*. *Maintenant elles sont plus proches _ Maintenant elles sont beaucoup plus proches _Elles sont très proches _ Elles sont très, très proches _ Elles sont côte à côte, presque l'une contre l'autre _ Maintenant, elles sont l'une contre l'autre _ Maintenant elles sont écartées _ plus écartées, plus loin l'une de l'autre _ encore de plus en plus loin _ Maintenant elles sont loin _ maintenant, elles sont très loin l'une de l'autre _ Maintenant elles sont aussi loin que possible (quand on les tient comme ça) _ Maintenant elles s'approchent l'une de l'autre _ elles sont moins loin qu'avant _ elles viennent vite l'une vers l'autre, sont encore à une certaine distance _ Maintenant elles ne sont pas très loin l'une de l'autre _ la distance entre elles diminue _ Elles vont entrer en collision _ Elles se percutent* ». L'enseignant quand il répète ces mouvements des bras et des mains en forme d'accordéon peut obtenir des apprenants qu'ils prononcent les phrases ci-dessus. Les apprenants peuvent s'aider les uns les autres à se souvenir de toutes les expressions et les pratiquer jusqu'à ce que tous se sentent sûrs d'eux-mêmes pour décrire n'importe laquelle des situations de ce type.

Quand on utilise deux petites réglettes sur une table pour représenter deux voitures sur une autoroute, on applique le même vocabulaire pour décrire leurs relations mutuelles dans l'espace, le seul mot ajouté est « voiture ».

 Voir les vidéos dans cet esprit, sur la chaîne YouTube https://silentway.online/english2012/day-1-session-1-working-on-sounds/

2- Groupe de mots pour les relations temporelles

L'enseignant, assis à son bureau avec devant lui une boîte de réglettes, prend des réglettes : « *Très lentement _ moins lentement_ plus vite _ encore plus vite _ très vite _ à toute vitesse* ». Puis il prend des réglettes et les laisse tomber : « *Continuellement _ sporadiquement _ de temps en temps _ une à la fois _ quelques unes à la fois de chaque main_ alternativement _ simultanément _ en rythme* ». Alternativement il peut prendre : « *D'abord une bleue _ puis une jaune _ puis trois rouges _ maintenant une orange _ plus tard une noire _ encore plus tard deux noires _ et enfin une blanche* ».

Après l'action, on peut faire les phrases suivantes : «*Au début il a pris deux réglettes brunes, plus tard trois blanches, l'une après l'autre, ensuite quelques réglettes toutes ensemble et il les a laissé tomber sporadiquement deux par deux. A la fin, il a pris une poignée de réglettes et les a remises dans la boîte.* »

3- Quelques relations de causes à effets

Si je pose sur la table cette réglette verticalement, puis une autre verticalement à son sommet, va-t-elle tenir ? _ essayons _ oui, elle tient ! Et maintenant que se passe-t-il si j'en pose une autre ? — essayons _ mais je dois faire attention _ oui, elle tient ! et maintenant si j'en plaçais une troisième ? est-ce qu'elle va tenir ? peut-être. Si j'ai de la chance et que je fais très attention, peut-être. Oui ! elle tient. Pensez-vous que si je ... Non, pas de chance ! _ elle est tombée, comme vous l'aviez prédit. Est-elle tombée parce que je n'ai pas fait assez attention ? j'ai été maladroit ? ou parce que les extrémités des réglettes ne sont pas bien coupées ?

Les apprenants pourraient refaire la situation et auraient ainsi l'occasion d'utiliser les pronoms en décrivant les actions en cours. En prenant des blanches, des rouges, des vertes ou des roses, qui sont les plus faciles à empiler, l'enseignant peut les obliger à utiliser les phrases telles que *Fais attention, Concentre-toi, S'il a de la chance*, ou bien des phrases comme : « *A votre avis, combien de réglettes peuvent tenir l'une sur l'autre sans tomber ?* »

B. RENDRE VISIBLES DES DISTINCTIONS SUBTILES
1- Pendant que, En même temps que, Simultanément, Alors que

On met en place la même situation qu'en A (2) ou (3)

« *Je vais prendre des réglettes avec mes deux mains* » « *Pendant que je prends deux réglettes bleues avec ma main droite, avec ma main gauche je vais prendre des rouges — pendant que je prends des réglettes je vais me lever (ou m'asseoir) _*

Pendant que je prends des réglettes je vais parler _ est-ce que je peux pointer les mots pendant que je prends les réglettes de mes deux mains ? et d'une seule main ?

Cela donnera : *«Si tu fais attention, tu peux prendre des réglettes d'une main pendant que tu pointes les mots sur le tableau de l'autre main». « Je vais prendre de chaque main des réglettes une à une et les choisir : (a) pour qu'elles soient de la même couleur _ ou (b) à chaque fois d'une couleur différente _ ou (c) qu'elles soient de la même couleur dans ma main gauche, et d'une couleur différente à chaque fois dans ma main droite. Ainsi l'enseignant peut obtenir de la classe les expressions appropriées avec « Vous » ou « Tu» remplaçant « Je». L'enseignant ordonne : « Prenez simultanément une réglette dans chaque main, faites-le plusieurs fois, et à chaque fois posez les réglettes simultanément de chaque côté du tas de réglettes (ou de la boîte).*

 Dans l'exemple qui suit on regarde une même situation de plusieurs points de vue, pour sentir l'interconnexion de l'espace et du temps.

« *Pendant que Marie prend des réglettes pour John, il tournera autour de la table et pendant ce temps nous regardons seulement Marie* ».

« *Pendant que John tournait autour de la table nous regardions Marie, qui pendant ce temps prenait des réglettes pour John.*

« *Au moment où Marie a pris des réglettes, nous l'avons regardée, et John a fait le tour de la table* ».

« *Pendant ce temps, les aiguilles de l'horloge avançaient d'une minute, ce qui rendait compte simultanément du mouvement du soleil dans le ciel. Le soleil semble tourner autour de la terre, alors que c'est la terre qui tourne autour du soleil* ».

2- Parce que, car, comme, même si, puisque, avant, déjà, alors, puis

A nouveau avec la même mise en scène que A (2) ou (3) et B (1)

« *Donne m'en une. _ Maintenant j'en ai trois puisqu'avant j'en avais deux. Parce que tu m'en as donné une et que j'en avais déjà deux, maintenant j'en ai trois. _ J'en avais deux, tu m'en as donné une, maintenant j'en ai trois, car deux et un font trois. Même si avant j'en avais seulement deux, j'en ai trois maintenant parce que tu m'en as donné une. Puisque j'en avais deux avant et que tu m'en as donné* une, maintenant j'en ai trois. _ J'en avais déjà deux, puis tu m'en as donné une et maintenant j'en ai trois »

« Pourquoi veux-tu autant de réglettes rouges ? Parce que je veux faire un train équivalent à la réglette bleue. Il faut quatre réglettes rouges et une blanche pour faire un train aussi long que la réglette bleue ».

« Puisque la réglette bleue est aussi longue qu'une brune plus une blanche, et comme une réglette brune équivaut à un train de quatre réglettes rouges, nous voulons quatre réglettes rouges et une blanche pour faire un train aussi long que la réglette bleue. »

« Parce qu'une réglette bleue égale neuf blanches mises bout à bout, et que deux réglettes blanches font une réglette rouge, nous voulons quatre rouges et une blanche en échange d'une bleue. »

« Comme une réglette bleue dépasse une brune de la longueur d'une blanche, nous aurons besoin d'une réglette blanche au bout d'un train rouge pour le faire aussi long qu'une réglette bleue, puisqu'une brune égale un train de 4 rouges. Bien que nous puissions faire des trains de plus en plus longs avec des réglettes rouges, nous avons besoin d'une réglette blanche au bout d'un train rouge pour le faire aussi long qu'une bleue ».

« Parce que la réglette bleue est plus longue que la brune, et parce qu'une réglette blanche fait la moitié d'une rouge, il faut quatre réglettes rouges et demie pour faire une longueur égale à celle d'une réglette bleue ».

« Puisque deux blanches égalent une rouge, une blanche égale la moitié d'une rouge ».

« Comme nous ne pouvons pas faire des trains rouges égaux à une réglette bleue nous avons besoin d'une réglette blanche après quatre rouges pour faire un train égal à une réglette bleue ».

3- Si, Soit, A supposer que

« Si tu prends une poignée de réglettes de cette boîte, qu'une d'elle soit blanche dépend de si tu cherches bien au fond de la boîte ou non. Si j'ai bien vu, tu as pris une réglette rouge. Si je sais que tu as pris une réglette rouge, cela dépend de si je regardais ou non quand tu l'as fait ».

« A supposer que ta main soit deux fois plus grande pourrais-tu tenir deux fois plus de réglettes ? »

« Si j'étais deux fois plus grand, mes mains seraient-elles aussi deux fois plus grandes ? Que les mains grandissent dans la même proportion que le corps, je n'en sais rien. Qu'en supposant cela, nous atteignions la vérité, c'est une grande supposition. Avec des si, tout est possible ».

« Que l'homme soit un animal ou non, c'est une question difficile ».

« Dis-moi si tu viens ou non, car si tu viens il faut que j'achète plus de nourriture, à supposer que tu viennes assez tôt pour manger avec moi ».

C. ETENDRE AUX EXPÉRIENCES DE LA VIE

1- Une horloge

S'ils mesurent les réglettes jaunes à l'aide des blanches, les apprenants se rendront compte qu'il y a 5 réglettes blanches dans une jaune. On nomme alors les multiples de 5 c'est-à-dire 10, 15, 20, 25, 30, 35, 40, 45, 50, 55, 60, tout en formant un train avec les 12 réglettes jaunes nécessaires.

L'enseignant transforme alors en quelques gestes le train en un cercle disposé comme une horloge et les apprenants peuvent lire maintenant : 1, 2, 3, ... jusqu'à 11 et 12.

On place alors une réglette bleue dont une extrémité est sur le centre du cercle et l'autre orientée vers le chiffre virtuel 12, normalement les apprenants s'aperçoivent que nous avons représenté la grande aiguille d'une horloge. On prend une réglette noire et on la place pour représenter la petite aiguille des heures.

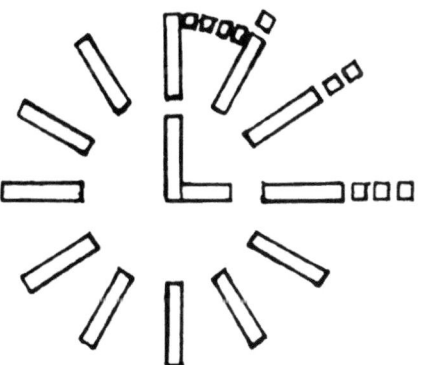

Maintenant, on peut faire les phrases suivantes :

Ceci est une horloge ; On peut y voir quelle heure il est ; Ça, c'est l'aiguille des minutes (bleue) ; ça, c'est l'aiguille des heures (noire). Si je mets la réglette bleue comme ça et la noire comme ça, on dit qu'il est 3 h. Maintenant, que dit l'horloge ? Quelle heure est-il ? ; Il est 7 heures (ou n'importe laquelle des 12 possibilités)

On peut alors appeler un apprenant et lui demander : « *Place l'aiguille des heures pour montrer qu'il est 2 heures* » (ou 11 autres possibilités qu'il peut montrer aux autres). En cas d'erreur, ce sont les autres apprenants qui lui serviront de référence et l'aideront ; l'enseignant n'interviendra qu'en dernier ressort.

Alors, en gardant la réglette noire en position fixe et pointée vers une certaine heure, on peut faire glisser la réglette bleue de 5 minutes en 5 minutes jusqu'à la faire revenir au sommet (zéro heure). Quand c'est fait, on pousse la réglette noire vers l'heure suivante, dans le sens des aiguilles d'une montre, en faisant faire un tour de cadran à la bleue.

Ainsi, l'expression du temps inclut différentes formes, avant ou après l'heure, demi, quart, trois quarts d'heure, un tiers d'heure (dans certaines langues), du matin, du soir. Il est 4 heures de l'après-midi ou 16 h, selon le contexte.

On peut dire maintenant que les apprenants utilisent la numération et son vocabulaire fonctionnel pour maîtriser la manière locale de dire l'heure, et par conséquent, qu'ils font aussi bien que leur professeur dans ce domaine.

2- Le calendrier

Etant donné que les réglettes noires sont sept fois plus longues que les blanches, on peut représenter chaque semaine par une réglette noire et chaque jour par une blanche, en prenant le dimanche comme premier jour de la semaine, ou le jour conventionnel religieux qui suit le jour local de repos hebdomadaire (les compagnies aériennes utilisent le lundi comme premier jour).

Avec le dimanche (ou le lundi) comme point de départ du premier mois, chaque mois de l'année solaire (ou lunaire, ou lunaire-solaire) peut être représenté par 4 réglettes noires placées les unes à côté des autres en longueur, avec une autre réglette pour compléter le nombre de jours du mois annoncé (30 ou 31).

Les mois peuvent être nommés de janvier à décembre (ou par tout autre nom correspondant à la langue ou la culture), par trimestres et saisons, définis et nommés avec les mois correspondants et les dates de début et de fin. L'année fiscale, l'année religieuse, les fêtes nationales peuvent aussi être ainsi traitées.

Les apprenants peuvent écrire leur date de naissance et les lire les uns aux autres à haute voix, dans la nouvelle langue. Des mots supplémentaires comme « *Je suis né(e) le ... Je vais fêter mon prochain anniversaire le ... Je dois me souvenir que ma mère est née le ... et mon père ou ma sœur le ..., mes frère(s) le ...* (on peut éventuellement ajouter belle-mère, beau-père) ».

3– Hier, aujourd'hui, demain

Cette leçon pourrait être donnée avant ou après celle du calendrier. Les résultats peuvent être différents parce que les deux utilisent les jours de la semaine mais d'une façon différente.

L'enseignant choisira les réglettes qui serviront le mieux si la leçon est donnée depuis une table devant une grande classe.

Dès la leçon sur l'horloge, les apprenants peuvent facilement comprendre que *un jour* est une autre façon pour dire *24 heures*. A ce propos, l'enseignant introduira que *dans une durée de 24 heures nous comptons une nuit et un jour*. Le milieu d'un jour s'appelle *midi* ; le milieu de la nuit s'appelle *minuit*.

Midi est le nom donné pour 12h00 mais peut aussi se référer à une durée autour de cette heure.

Minuit est le nom donné pour 24h00 ou pour 0h00.

Dans certaines cultures avant midi, ou a.m. (*ante meridian* en latin), après-midi ou p.m. (*post meridian*) fait référence à différents usages. En anglais *a.m.* couvre la partie de la nuit après minuit et avant le lever du soleil ; le matin couvre la période jusqu'à midi. L'*après-midi* (p.m.) peut être utilisé pour quelques heures après midi, mais jamais après le coucher du soleil, qui est *le soir*. Et *le soir* devient *la nuit* autour de l'heure conventionnelle du coucher du soleil, vers 22h en été.

Si nous sommes avant minuit, le jour après minuit se dit *demain*. Après minuit, le jour d'avant minuit s'appelle *hier*.

Une fois introduits, hier, demain, et l'horloge, l'enseignant peut placer une réglette orange verticalement sur la table et dire « *Aujourd'hui c'est* ... », ou bien « *Nous sommes* ... » et ensuite placer une autre réglette orange à sa gauche et dire « *Hier c'était* » ou «... *nous étions*... » ; puis une autre à droite et dire « *Demain nous serons*... », ou bien « *Demain ce sera* ... ». On pourra pratiquer cette situation avant de placer une nouvelle réglette orange à droite de la précédente pour représenter « *Après-demain* », et une à gauche de la réglette indiquée pour hier pour représenter « *Avant-hier* ». Pour terminer la semaine l'enseignant met encore deux réglettes de chaque côté, et l'une, à droite, s'appelle « *Le jour qui suit après-demain* », quand l'autre s'appelle « *Le jour qui précède avant-hier* ».

Ces réglettes orange peuvent être placées côte à côte au-dessus d'une réglette noire qui représente alors une semaine. Les noms des jours de la semaine pourraient être réintroduits à ce moment en jouant avec les relations entre eux grâce aux acquis précédents.

On peut proposer des exercices tels que : « *Si hier était ..., quel sera le jour demain ?* » et les variations sur ce canevas feront le lien entre les deux séries et permettront aux apprenants de les pratiquer.

4- Différents plans de maisons, écoles, hôpitaux, etc.

De tels plans peuvent être faits avec les réglettes, remplis d'objets représentés par des réglettes. Ces situations peuvent être traitées comme n'importe quelle autre à partir des réglettes, et dont les apprenants ont déjà eu de nombreuses expériences. Le besoin de mots, autre que le vocabulaire fonctionnel pratiqué jusqu'ici va apparaître et l'enseignant peut mettre en circulation par exemple « Faisons *le plan d'un garage* ». La situation peut être décrite ainsi pendant qu'on la construit : « *Voici* les trois *murs* et *voici* l'*entrée*, une *porte* qui peut être *levée*, tant que c'est clair que l'utilisation symbolique des réglettes est bien comprise par les apprenants.

Alors un nombre infini de développements sont possibles. L'un d'eux pourrait être « Les gens qui vivent ici n'ont pas de *voiture*. Ils utilisent l'espace du garage pour *ranger des affaires* ». Et un certain nombre de réglettes seraient placées à l'intérieur du rectangle fait de réglettes. Ils mettent *une armoire* ici pour ranger leurs *vêtements* qui ne sont pas de saison ; ici ils ont *un établi* pour *le travail du bois* et des *outils* accrochés au mur. L'enseignant peut, bien sûr toucher ses propres vêtements quand les mots en question apparaissent ; mimer l'action de raboter ou scier une planche quand on parle des outils de *bricolage* (ou s'appuyer sur la table pour évoquer le sens de l'établi et ainsi de suite).

Si on prend le mot voiture, on utilisera une réglette courte pour une *petite voiture* et une plus longue pour *une voiture familiale (ou un break)*. Si on parle d'allers et venues, de faire les courses, d'emmener les enfants à l'école, de voyager par la route cela donnera des occasions d'utiliser du vocabulaire fonctionnel et d'insérer peu à peu des nouveaux mots concernant la vie quotidienne.

Il est clair que le plan d'une maison fournira une situation facilement tangible, avec des chambres, une terrasse ou un jardin, une pelouse (ou leur absence si on est dans un appartement en ville) des meubles et le vocabulaire disponible pour parler de l'équipement.

Si on construit le plan d'une salle de classe, dans laquelle se passe le cours, on pourra impliquer les apprenants et inclure beaucoup de vocabulaire pour décrire ce qui s'y passe. Les apprenants et l'enseignant entrent dans la salle, ils vont vers leurs *places* qui peuvent être derrière des *bureaux, avec une tablette pliante sur le côté*. Un tableau peut être fabriqué en empilant quelques réglettes, ou, s'il y en a un dans la classe, en le montrant. De même, s'il y a déjà un effaceur pour des feutres, on peut nommer ces objets, les écrire et les montrer. L'enseignant debout devant le tableau attire l'attention des apprenants sur ce qu'il ou elle y écrit et ainsi de suite.

Comme il est facile de construire des modèles avec les réglettes, leur usage est sans limite dans le déploiement symbolique des situations de la vie quotidienne. Les enseignants peuvent devenir des experts dans cette sorte d'inventions et introduire le vocabulaire requis en plus du vocabulaire fonctionnel existant déjà sur les tableaux de mots. Tout en pointant les graphèmes au Fidel, ils laisseront la responsabilité aux apprenants de mettre les mots nécessaires en circulation. Mais ça peut tout aussi bien être l'enseignant qui prononce d'abord ces mots, que les apprenants utiliseront immédiatement après.

On associera à cette utilisation des réglettes, les images et leurs feuilles d'exercices et le livre des mille phrases décrit en détails dans le chapitre 9. Les enseignants sont libres d'utiliser, ou non, les relations qui existent entre ces différents outils et les réglettes. On décidera de mettre tous ces outils en réseau, ou non, en fonction du niveau des classes et des raisons pour lesquelles cette nouvelle langue est étudiée.

Dans le prochain chapitre, nous reviendrons sur les tableaux de mots en eux-mêmes, et nous mettrons une distance entre les sujets que nous venons d'étudier et ce qu'on peut en faire en dehors des tableaux. Les lecteurs pourront peut-être retourner voir les chapitres correspondants avant d'aborder le suivant.

7 -
Pratiquer le vocabulaire structurel

Nous avons vu sur quels fondements ont été choisis les mots retenus pour les tableaux muraux. Nous avons vu comment ils sont gardés bien visibles, affichés aux murs pour que les apprenants n'aient pas peur de les oublier (et ne cherchent pas à tout prix à les mémoriser), également comment ces mots peuvent être associés à des significations, illustrées par des situations avec les réglettes, pratiquées dans la classe. Ainsi, les mots contenus dans les tableaux déclenchent au minimum une signification et, lorsqu'ils sont inclus dans des phrases, peuvent en déclencher d'autres.

Par exemple, des mots introduits en tant que verbes peuvent parfois être utilisés comme noms (*avions*) ; ou même servir de noms propres (*M. Noir, M. Brun, M. Blanc*) ou des verbes produire des noms (*donne, don ; prise, surprise, entreprise*). Une autre façon d'élargir le vocabulaire sera d'ajouter au moment opportun quelques préfixes et suffixes tels que *re-*, *-ment* ; les adjectifs peuvent produire des adverbes (*clair, clairement*) etc.

Grâce à cette façon de faire on peut mettre en place un système pour créer des mots plus élaborés afin que les apprenants deviennent plus habiles et accèdent ainsi à une plus grande liberté dans la nouvelle langue. Ce chapitre est donc consacré à l'utilisation la plus vaste possible des tableaux de mots, et à montrer comment ils peuvent être compatibles avec des groupes d'apprenants de toutes sortes.

Il y a aussi une façon d'élargir le corpus de mots en amenant les apprenants à accepter la convention selon laquelle, en opérant un seul changement dans l'apparence du mot, nous pouvons en soustraire une partie et y substituer une autre lettre ou syllabe pour faire émerger un autre mot (à l'aide du pointeur et en tenant compte de la prononciation apportée par la couleur). Par exemple, si on cache la première lettre, *prend* peut devenir *rend*. De la même manière, *noire* peut devenir *poire* si on cache le *n* tout en pointant le *p* au fidel. Ainsi toutes les opérations de base de l'écriture et de la lecture, à savoir : **substitution, addition, soustraction, insertion** et **renversement** peuvent facilement servir à accroître le vocabulaire déjà à disposition sur les tableaux.

 Voir l'ouvrage : « La lecture en couleurs – Le Guide du maître » de C. Gattegno. Edition Educational Solutions copyright 1991 – disponible à Une Education Pour Demain www.uepd.org .

D'autre part, un exercice intéressant consiste à former systématiquement des phrases d'un seul mot, puis de deux, de trois, quatre, etc. pour montrer qu'on peut faire beaucoup avec le vocabulaire déjà maîtrisé. Tout sera mis en situation et en action avec les apprenants.

Par exemple dès les premiers tableaux : *Lui ? Ici ? Toi ?* ; *Vous ici ? Comment ? Qui ? Comment ça ? Laquelle ? Aucune ? La tienne aussi ?* ... Ce jeu peut commencer très tôt si nous le voulons.

 Ici le lecteur peut constater à nouveau que l'intonation et la gestuelle sont à intégrer dès que possible dans l'apprentissage de la langue cible. Le corps étant notre instrument de réception et d'expression il est essentiel de lui donner toute sa place. Gattegno parle souvent du soma.

Dans le fonctionnement du groupe, certains vivent un dialogue, d'autres, simultanément, pointent les mots sur les tableaux, et d'autres encore vérifient que ce qui est fait est exact ; tout le monde est impliqué.

Etant donné qu'on ne peut pas illustrer toutes les phrases qui peuvent être formées, nous donnerons dans ce chapitre seulement un assortiment d'exemples pour amorcer les possibilités d'expansion du vocabulaire des tableaux. La familiarité avec ces tableaux procurera de nombreux exemples à l'enseignant.

Description du matériel :

Neuf des douze tableaux de mots français contiennent un vocabulaire grammatical fonctionnel (vocabulaire structurel) suffisant pour accomplir ce que nous avons décrit dans les chapitres précédents.

7 - PRATIQUER LE VOCABULAIRE STRUCTUREL

 Depuis 2014, quatre tableaux supplémentaires : (N, C, H et T) sont principalement dédiés à la numération, à l'expression du temps et des saisons.

Dans le texte original, Gattegno fournit un grand éventail d'exemples en anglais couvrant progressivement les tableaux de 1 à 12. Ces phrases ayant été construites en anglais à partir des tableaux de mots anglais, les traducteurs ont décidé qu'il n'était pas pertinent de les traduire ici.

Voici donc, à titre d'exemple de travail avec des débutants en FLE, des phrases formées avec les tableaux N° 1, puis, 1-2 ; 1-3 ; 1-4. Rappelons que le début du processus est déjà décrit par l'auteur au chapitre 4.

Notons aussi que l'équipe de *Pronunciation Science* crée de nos jours de nouveaux outils pour l'approche Silent Way, en anglais, français, espagnol et d'autres langues. Ainsi, pour le français, des tableaux visant trois groupes de niveaux différents ont été créés.

En 2022, les tableaux de mots existent pour trois niveaux : 1) *Silent Way pour FLE-Alpha* non-lecteurs ; 2) *Silent Way pour débutants sachant déjà lire* ; 3) *Silent Way plus* pour niveaux plus avancés.

Nous présentons ci-après (en noir et blanc) les panneaux *Silent Way pour FLE-alpha non-lecteurs*.

Pour les voir en couleur, rendez-vous sur le site de *Pronunciation Science Ltd* (www.pronunciationscience.com).

Rappel du contenu du tableau n° 1_Tableau FLE-Alpha

```
une réglette -s moi as
jaune j' bleue ai ma et
il verte avez nous noire
aussi elle toi rouge est
la deux votre avons oui
elles vous à non prenez
a ils sa eux donne rose
tu on les prends ta leur
donnez notre ont lui -t-
```

 Nous prenons le parti que le Professeur vouvoie les étudiants et que les étudiants se tutoient entre eux.

Une réglette ; une réglette bleue, une réglette rouge.

Deux réglettes.

Une réglette bleue ; deux réglettes bleues ...

Une verte, une noire.

Prenez une réglette.

J'ai une réglette verte (jaune ...).

Ma réglette est rouge.

J'ai deux réglettes, une verte et une jaune.

J'ai trois réglettes, une verte, une jaune et une noire.

Moi, j'ai la rouge ; toi, tu as la bleue.

Marina a une réglette bleue ; Arthur a une réglette noire.

Elle a une réglette bleue. Il a une réglette noire.

Prenez trois réglettes rouges, une bleue, une verte et deux brunes.

(Changer de couleur, de nombre)

(Changer de demandeur)

Prends une réglette et donne-la moi *(en impliquant toute la classe en sous-groupes)*

Donnez-moi la bleue. *(Introduire « svp » et « stp » !)*

Donnez-la-moi.

Donne-la-moi.

Donnez la rouge à Olga.

Donnez-la lui.

Donne-moi cinq réglettes noires. *(Les nombres ont déjà été introduits au chapitre trois)*

Karim, as-tu une réglette rouge ?

Non ! Ma, réglette est bleue *(ta, sa, leur, notre, votre)*.

Notre réglette est bleue.

Ont-ils une réglette bleue ?

Non, ils ont une réglette jaune.

Arthur a deux réglettes noires.

Les réglettes de Karim sont vertes.

Vous, vous avez les jaunes. Nous, nous avons les brunes.

 Lors du travail sur le tableau n°1, l'enseignant reste sur le vocabulaire restreint permettant surtout de construire des structures grammaticales utiles et simples à mettre en action. L'important est d'explorer et d'acquérir l'aisance avec la prononciation et les structures présentées : le féminin, quelques couleurs, les pronoms sujets, certaines formes des verbes *avoir* et *être*, l'impératif de *prendre* et *donner*, certains pronoms compléments et certains adjectifs possessifs etc. Tous les sons voyelles y figurent. L'aisance avec ces structures constituera un socle et un bon démarrage dans la pratique des premières phrases, des premiers dialogues grammaticaux mis en action.

Gattegno conseille d'explorer un tableau après l'autre et de n'ajouter le suivant qu'après que tous les mots des tableaux précédents ont été pratiqués et maîtrisés. (Mais on observe qu'après les trois quarts du premier, on a très vite besoin des mots du deuxième). Ceci est laissé bien entendu à l'appréciation du formateur.

Tableau 1 et 2

une réglette -s moi as	de cette autre des me
jaune j' bleue ai ma et	en couleur te mets t'
il verte avez nous noire	je celle combien là d'
aussi elle toi rouge est	quelle vos mis sont c'
la deux votre avons oui	y nos ici ce donné m'
elles vous à non prenez	que chac- qui lance qu'
a ils sa eux donne rose	-ci mes ses tes ces l'
tu on les prends ta leur	auc- mettez regarde n'
donnez notre ont lui -t-	ne prise lancez -ce pas

Dès qu'on ajoute les mots du tableau 2, on ressent l'explosion des possibilités pour construire des phrases. Les participes passés arrivent, de nouveaux verbes apparaissent et avec eux les conjugaisons au passé composé, la négation, le mot « en » comme pronom et préposition. Voici quelques exemples.

 Qu'est-ce que c'est ?

C'est une réglette !

Est-ce que tu as une réglette rouge ?

Oui, j'en ai une.

A qui est cette réglette ?

Elle est à moi.

Non, elle est à lui !

Combien de réglettes avez-vous ?

7 – PRATIQUER LE VOCABULAIRE STRUCTUREL

Vous avez combien de réglettes ? *(Forme plus familière)*

Combien en as-tu ?

J'en ai quatre.

De quelle couleur sont-elles ?

Cette réglette est verte.

Celle-ci est jaune, celle-là est bleue.

Celles-ci sont noires. Celles-là sont vertes.

J'en ai deux bleues et toi (tu en as) deux jaunes.

Avez-vous des réglettes bleues ?

En avez-vous des bleues ?

Non, je n'en ai pas.

Mettez les réglettes jaunes ici svp.

Mettez-les ici.

Où sont les réglettes jaunes ?

Les jaunes sont ici, les bleues sont là.

Est-ce qu'Il y a des réglettes ici ?

Il n'y a pas de réglette ici.

Il n'y en a pas.

Et là ? Combien y en a-t-il ?

Il y en a dix !

Elles sont à toi ?

Non, elles ne sont pas à moi ! Elles sont à lui.

Celle-ci est à moi.

Rends-la-moi ! (Pour obtenir *rends*, on cache le *p* de *prends*)

Aucune n'est à moi ; Aucune n'est à elle. *(Mot formé avec auc~ et une)*

73

Qui a une réglette noire ?

Prends trois réglettes roses, donne-lui en une.

Elles sont à toi.

J'ai donné une réglette rose à Arthur.

Tu as pris une réglette bleue ?

Oui, et je l'ai donnée à Sofia.

J'ai mis une réglette ici.

Regarde, je la prends.

Je l'ai prise et je l'ai mise là.

Garde-la.

Arthur, prends une réglette verte, une jaune et une rouge. Donne la verte à Zoé, la jaune à Karim et la rouge à Marina.

🚫 Dans cette progression grammaticale l'enseignant apporte ce qui est nécessaire au groupe, observant en silence et tenant compte des réactions des apprenants et de ce qu'ils veulent exprimer. Ensuite il les incite à pratiquer toutes les structures explorées, à oser essayer et réussir à créer des phrases par eux-mêmes. On peut s'attacher à employer chaque mot des tableaux, puis à faire des dialogues et des phrases de plus en plus complexes.

7 – PRATIQUER LE VOCABULAIRE STRUCTUREL

Tableaux 1, 2, 3

une réglette -s moi as	de cette autre des me	un crayon es où mais
jaune j' bleue ai ma et	en couleur te mets t'	devant celui sur foncé
il verte avez nous noire	je celle combien là d'	parmi ouvre ferme du
aussi elle toi rouge est	quelle vos mis sont c'	le suis sous mon êtes
la deux votre avons oui	y nos ici ce donné m'	dessus vert derrière au
elles vous à non prenez	que chac- qui lance qu'	son dans sommes droit
a ils sa eux donne rose	-ci mes ses tes ces l'	dessous table côté ton
tu on les prends ta leur	auc- mettez regarde n'	ceux entre clair face -x
donnez notre ont lui -t-	ne prise lancez -ce pas	gauche boîte ou droite

Le tableau 3 introduit le substantif masculin ; la spatialisation ; la latéralité, le questionnement. Combiné avec les panneaux précédents, il ouvre un champ considérable de possibilités.

 Où es-tu ?

Je suis derrière toi !

Je suis devant toi.

Tu es derrière moi.

Mettez-vous en face de moi, et vous deux, face à face.

Qui est derrière la table, face à nous ?

Arthur est à côté de moi, à ma gauche.

Mariana est à ma droite.

Je suis à ta droite, tu es à ma gauche.

Entre, et mets-toi ici s.t.p. !

Ouvre la boîte et prends trois réglettes.

Ferme la boîte et mets-la sur la table

Cette réglette est vert clair, celle-ci vert foncé.

Mets cette réglette verte à gauche de la rouge, et celle-ci à droite.

Qui a pris mon crayon rouge ?

Regarde il est là, sous la table !

Prenez chacun trois crayons et mettez-les sur la table.

Remets tes réglettes dans la boîte et ferme-la !

Lance-moi une réglette rouge s.t.p.

Etudiants plus avancés :

J'ai le droit de prendre ce crayon vert ?

Ce que nous avons pris ne te regarde pas !

C'est clair ?

Combien ont-ils donné en dessous-de-table ?

Je n'ai plus rien.

Qui parmi nous est dans le rouge ?

Je me donne le droit de les relancer.

Qu'y a-t-il entre elle et lui ?

Où en es-tu ?

Qu'est-ce que tu as ?

Qui est derrière ça ?

Je me lance, mais êtes-vous à mes côtés ?

Nous sommes avec toi !

7 – PRATIQUER LE VOCABULAIRE STRUCTUREL

Tableaux de 1 à 4

une réglette -s moi as jaune j' bleue ai ma et il verte avez nous noire aussi elle toi rouge est la deux votre avons oui elles vous à non prenez a ils sa eux donne rose tu on les prends ta leur donnez notre ont lui -t-	de cette autre des me en couleur te mets t' je celle combien là d' quelle vos mis sont c' y nos ici ce donné m' que chac- qui lance qu' -ci mes ses tes ces l' auc- mettez regarde n' ne prise lancez -ce pas	un crayon es où mais devant celui sur foncé parmi ouvre ferme du le suis sous mon êtes dessus vert derrière au son dans sommes droit dessous table côté ton ceux entre clair face -x gauche boîte ou droite	petite grand assez pour comment très grande n- personne petit comme ni beaucoup m- t- s- peu plupart -ienne -ien si plus rien quelques faites pareille autant plusieurs fais trop vôtre presque sans même juste avec

Le tableau n°4 permet surtout un travail sur les quantités, les pronoms possessifs et quelques adjectifs et adverbes courants.

 Il y a beaucoup de réglettes dans cette boîte.

À qui est cette réglette rouge ?

Elle est à moi.

C'est la mienne !

La sienne est jaune.

Mets une réglette bleue sous une jaune et une rouge au-dessus de la jaune.

Qu'y a-t-il entre la bleue et la rouge ?

Entre la bleue et la rouge, Il y a la jaune.

La verte est plus petite que la bleue.

Si vous avez une réglette bleue donnez-la à Arthur.

Prends cette petite réglette rouge et mets-la sur la table, à gauche de la grande bleue.

Que faites-vous ?

Qu'est-ce que vous faites ?

Vous faites quoi ? *(On peut aborder les différents registres de langage)*

Qu'est-ce que tu as fait ?

77

Il y a beaucoup de personnes ici.

Oui, c'est clair !

La plupart des personnes ici sont grandes, moi je suis petite.

Arthur est plus grand que Mariana.

C'est juste !

Cette réglette est plus petite que celle-là.

La bleue est plus grande que la rose.

Celle-ci n'est pas la même que celle-là.

Regarde, Il y a une réglette rouge parmi cinq réglettes vertes.

Etudiants plus avancés :

Même si je suis petite j'en fais autant que vous.

Comment ça ? cette boîte n'est pas assez grande pour y mettre tous les crayons ?

A droite ou à gauche, c'est pareil ! personne n'a pris le dessus.

Ne t'en fais pas !

Je suis là pour toi !

En procédant de cette manière jusqu'à expérimenter tous les mots de tous les tableaux et les avoir pratiqués concrètement, vous pourrez considérer que vos apprenants sont devenus « plus avancés ».

Par « plus avancés » nous entendons ceux qui ont fait tout le travail décrit dans les chapitres précédents et **ont acquis au moins une signification** pour chacun des mots, celle qu'ils ont expérimentée avec les réglettes ou en situation avec les personnes.

Il est clair qu'on peut facilement créer des phrases en pointant sur les tableaux, sans se référer aux réglettes. Toutefois, alors que c'est relativement facile de faire des phrases après en avoir pratiqué un certain nombre ayant un sens directement perceptible avec les réglettes, il est quasiment impossible pour les apprenants d'inventer celles qui viendraient naturellement à l'esprit des natifs. Dans le but de les découvrir, nous proposons de distinguer trois types de phrases :

Type A - Les phrases dont la signification sera probablement évidente parce qu'on la met en situation ;

Type B - Les phrases qui présentent une sorte de sens figuré, ou une expression idiomatique ;

Type C - Celles qui montrent l'expansion des possibilités des apprenants pour en créer des plus longues, plus complexes en termes de grammaire et de pensée.

 Dans les exemples donnés plus haut vous avez pu voir apparaître progressivement des phrases de types de A et B. Dans ce chapitre la question des niveaux est seulement esquissée. Plus loin, le chapitre 10 portant sur l'évaluation donne de nombreuses pistes de réflexion sur ce sujet.

Maintenant, afin de mettre à la disposition du lecteur une approche plus méthodique, nous vous suggérons une série de six exercices pouvant être commencés en classe puis donnant lieu à un travail personnel à la maison. Ces exercices viendront *après* que les douze tableaux auront été introduits. Chaque série d'exercices montre ce qui se passe pour les apprenants quand on met à leur disposition un nouveau tableau de mots.

Il s'agira de passer en revue ce qui a été fait avec les tableaux et les réglettes dans les chapitres précédents. Les enseignants pourront générer une série de nouvelles prises de conscience chez les apprenants.

Par exemple, en regardant le tableau numéro 1, l'enseignant dit :

Exercice 1 : « Pouvez-vous écrire la plupart des phrases que nous avons construites quand nous avons étudié ce tableau ? Créez votre propre liste de phrases ».

Exercice 2 : « Faites des phrases les plus longues que vous le pouvez en utilisant seulement les mots de ce tableau ».

Exercice 3 : « Reclassez les mots de ce tableau en regroupant ceux qu'on peut remplacer les uns par les autres. Ont-ils la même fonction grammaticale ? Peuvent-ils appartenir à plusieurs groupes à la fois ? Lesquels ? Dites pourquoi ».

Exercice 4 : « Il y a des expressions qui peuvent être utilisées l'une à la place de l'autre et qu'on peut appeler « équivalentes ». Ecrivez autant d'expressions équivalentes que vous le pouvez en utilisant seulement les mots de ce tableau ».

Exercice 5 : « Donnez des consignes à un membre de votre groupe en formant des phrases à l'impératif. Vérifiez que vos consignes sont effectuées correctement. Ensuite, lorsque c'est possible, continuez cet exercice avec d'autres consignes qui annulent l'effet de l'action précédente ».

Exercice 6 : « Formez des questions à l'aide des mots de ce tableau et, là où c'est possible, organisez-les sous forme de dialogue ».

Dès lors que l'on passe du vocabulaire du premier tableau à celui des deux premiers ensemble, puis des trois premiers, et ainsi de suite, on peut pratiquer ces exercices. On supposera que les lecteurs voient dans les quelques mots que nous venons d'écrire un certain nombre de leçons actives faisant intervenir les élèves d'une manière analogue à celle déjà rencontrée dans les chapitres précédents, mais dans des exercices qui les amènent au-delà de ce qu'ils ont fait jusqu'alors. Tous les membres du groupe peuvent être aussi impliqués que ceux qui sont appelés à pointer des mots sur les tableaux ou à créer une conversation qui devient plus facile à mesure que les mots sur les tableaux sont inclus.

En conclusion, ce chapitre souligne les nombreuses potentialités contenues dans les tableaux de mots et en montre plusieurs usages potentiels.

Les quelques phrases données plus haut en français représentent une petite partie de ce qui peut être fait avec le vocabulaire structurel. Les enseignants sauront qu'ils ont effectivement appris à utiliser l'instrument que représentent ces tableaux lorsqu'ils auront le sentiment que l'affirmation ci-dessus est un fait chaque fois qu'ils les regardent. Ce sera pour eux le signe qu'ils se sont vraiment approprié cet outil. Leurs classes et eux-mêmes connaîtront quelque chose de très précieux à propos des langues en général et de la langue qu'ils sont en train d'apprendre : les pensées déclenchent des mots, et les mots déclenchent des pensées. Nous avons déjà mentionné ce rôle de déclencheur que jouent les mots par rapport aux pensées et réciproquement. A savoir que pour qu'une pensée soit transformée en mots il faut que nous sachions clairement ce que nous voulons dire, aussi bien que comment le dire. Nos apprenants n'ont peut-être pas autant besoin d'apprendre à penser qu'à s'exprimer de manière concise, précise et pertinente. Dans cet objectif, le travail de ce chapitre peut être considéré comme essentiel.

8 –
Lire et écrire dans la nouvelle langue

Presque depuis le début nos apprenants ont sous les yeux les tableaux de mots. Ainsi pour eux, dans toute langue, les mots sont des éléments perceptibles, et nous pouvons allouer du temps pour qu'ils en copient les graphismes. Quand il y a des règles, comme en chinois, Hindi ou arabe, nous pouvons consacrer une leçon spécifique pour les traits qui ont été inventés pour aider à calligraphier les lettres pour leur lisibilité et leur beauté.

Mais même si nous n'accordons pas une attention spéciale à la calligraphie, la pratique améliorera la lisibilité en écriture-rapide et en reconnaissance des signes.

Au début, lire signifiera produire les sons des mots figurant sur les tableaux, ainsi que les phrases qu'on aura formées en pointant des mots sur les tableaux. Dès que ces mots sont transférés sur un tableau effaçable utilisant par exemple des feutres noirs, ou sur du papier utilisant un stylo ou un crayon, il est évident que l'activité de regarder la séquence en vue de la prononcer devient la lecture. Et si on demande aux apprenants d'échanger leurs papiers entre eux, cela leur donnera l'occasion de reconnaître des écritures produites par d'autres scripteurs.

Au début, c'est l'enseignant qui pointe les phrases alors que les apprenants ne font que les écrire. Ils peuvent remplir des quantités de pages avec ces phrases, et on peut faire varier l'activité de plusieurs façons comme ce qui suit : on commence par des phrases très courtes et les apprenants les lisent en chœur, puis seulement après, les mettent sur papier ; plus tard on propose des phrases plus longues et on ne les lit pas tant qu'elles n'ont pas été écrites. Les apprenants écoutent ceux qui lisent leurs phrases, tout en suivant la lecture mot à mot sur leur propre production et en la commentant, la corrigeant ou l'acceptant selon le cas. On peut donner le pointeur à un apprenant qui pointe la phrase sur les tableaux en même temps, ou avant, ou après, que d'autres lisent. Au fur et à mesure que les phrases deviennent de plus en plus longues, les apprenants prouvent qu'ils peuvent les retenir, les redonner dans le bon ordre et les écrire sur papier, en observant la structure des phrases.

Un autre exercice consistera à demander aux apprenants de regarder les mots des tableaux et à de leur faire créer leurs propres phrases. Au début ils seront timides et produiront principalement de légères variations des phrases déjà rencontrées, mais si l'enseignant les pousse à essayer ce qui n'a pas encore été fait, certains apprenants oseront peut-être proposer des phrases de leur cru.

Si cette occasion se présente alors soit 1) la phrase est correcte et peut servir de base pour les variations qu'elle offre, soit 2) elle peut être rectifiée par une légère modification dans les mots ou leur ordre et produire ainsi une occasion d'élargir le champ de l'exercice, ou encore 3) elle est affreusement fausse et trop compliquée à rétablir. Dans ce dernier cas, l'enseignant suggère simplement de laisser cet exercice pour plus tard, en espérant que bientôt il sera possible de relever les défis présents quand une plus grande partie de la langue sera disponible pour générer en eux le ressenti de ses spécificités.

Pour les débutants, comme nous l'avons vu au chapitre 6, le fait d'ajouter un nouveau tableau représente une explosion de possibilités pour former beaucoup plus de phrases. On en choisira seulement quelques-unes pour le travail en classe impliquant l'enseignant. C'est pourquoi, quand l'enseignant invite les apprenants à faire leurs propres choix, il se peut qu'ils en produisent un certain nombre de nouvelles. On peut demander aux apprenants de 1) lire à haute voix ce qu'ils ont écrit (avec ou non quelqu'un qui pointe les mots sur les tableaux), ou 2) échanger leurs papiers ou même poser des questions à propos de ce qu'ils voient, ou commenter les phrases, ou même suggérer des corrections ; l'enseignant peut également glaner des phrases parmi celles qui sont produites et les imprimer comme matériel de lecture pour la leçon suivante.

Dans ces situations le vocabulaire sera connu car les mots ont été pris dans les tableaux, et parce que, comme nous en avons parlé dans les chapitres précédents, cela fait partie du cours de vérifier que les apprenants paient bien leurs ogdens en termes de sons, accents toniques et signification. Ainsi, ce que ces phrases montrent c'est qu'avec ce vocabulaire le contact avec les structures de la langue est possible. Le fait que les apprenants aient toujours sous les yeux ce qui leur est nécessaire et déjà familier, permettra à l'enseignant de travailler sur la fluidité des mots afin de les faire sonner comme les natifs en termes de phrasé et de mélodie.

Une fois que le vocabulaire a été acquis par le travail avec les réglettes, on peut développer ce processus au fur et à mesure qu'on ajoute les tableaux les uns après les autres. C'est pourquoi on peut s'attendre à voir une augmentation de la longueur, de la complexité des phrases et de la variété de ce à quoi elles se réfèrent. Ceci démontrera une plus grande autonomie de la part des apprenants et donnera à l'enseignant un choix de phrases sur lesquelles travailler : soit en les remettant d'aplomb, soit en élargissant le champ des phrases du livre du groupe (qui sont marquées par la personnalité et les expressions propres à ce groupe particulier).

Quand on arrive à la fin de la série des tableaux et que la plupart du vocabulaire fonctionnel est intégré (c'est-à-dire les ogdens étant payés et la pratique ayant été donnée) nous avons un groupe de « débutants avancés ». Ainsi ce qu'on peut faire avec eux à ce stade s'appliquera aussi aux apprenants intermédiaires, c'est-à-dire à un cours où les gens prétendent qu'ils n'ont plus besoin de faire la série d'exercices décrits plus haut et ceux du chapitre 6.

La lecture jusqu'ici a impliqué la familiarisation avec l'écriture, l'orthographe des mots regardés et la production de phrases avec un vocabulaire fonctionnel restreint et ensuite consolidé par l'écriture. Quand les apprenants voient leurs propres phrases sur des feuilles préparées par les enseignants, ils commencent à lire ce qui, petit à petit, est en train de devenir un livre.

La graduation des phrases qu'on trouve dans un tel livre montre les progrès des apprenants ; ce livre, par sa conception, est toujours ajusté au niveau du groupe. Le sens et la structure étant présents dès la construction de la phrase, cela facilitera à la lecture pour pouvoir lire le contenu de ce matériel aussi bien que les natifs.

Le développement de la lecture se fera en parallèle avec 1) celui de l'écriture au moment où on introduira la dizaine d'images murales et le vocabulaire développé (voir chapitre 9), et 2) ensuite les trois livres qui font partie du matériel de l'approche Silent Way : « Les Mille Phrases », les « Histoires courtes » et les « Huit contes » (chapitre 10).

Dans le chapitre 7 et les annexes, nous avons montré comment on peut, uniquement avec le vocabulaire fonctionnel, utiliser les tableaux aussi pour former des expressions idiomatiques, ainsi qu'accéder au sens figuré associé à ces mots.

Il y a un niveau de lecture que nous avons appelé R4, qui consiste à extraire d'un texte un nouveau savoir.

> Cette notation est expliquée dans notre programme de lecture « La lecture en couleurs ». La lecture que nous avons considérée jusqu'à présent dans ce livre s'est développée de R1 à R3 et n'a pas envisagé d'utiliser la nouvelle langue comme instrument d'étude et pour acquérir des informations.

R4 apparaît par exemple lorsque des étudiants étrangers vont au lycée et à l'université hors de leurs pays d'origines et ont besoin de suivre des cours pour passer des concours ou des examens dans la nouvelle langue. Cette sorte de lecture utilise celles que nous avons vues plus tôt. Mais comme les mots n'ont pas de signification en eux-mêmes, les textes ne peuvent dévoiler leurs contenus que si les étudiants, soit ont un dictionnaire pour obtenir les définitions des mots pas encore rencontrés, soit se confrontent à des phrases qui sont des définitions (ce qui arrive rarement), soit traduisent leurs textes dans leur langue. Pour préparer les gens au niveau R4 nous devons aborder des exercices spéciaux, lesquels, s'ils ont été donnés chronologiquement aux étudiants, viendront après l'expérience acquise par les techniques des deux prochains chapitres.

Ce que la lecture des journaux et magazines exige nous autorise à la situer au niveau R4, sachant qu'en général il n'y a pas de tests pour mesurer ce qu'on a retenu de telles lectures.

Dans les classes, il est possible d'utiliser — après que le travail avec les réglettes et les tableaux aura été fait en profondeur et de bout en bout — un choix d'articles de journaux qui présentent des phrases ne contenant pas d'accumulation de noms et adjectifs faisant partie d'un vocabulaire spécialisé. Il peut arriver que la recherche d'articles illustrant de telles situations aboutisse à une collection de textes facilement accessibles une fois que le travail mentionné plus haut a été accompli. Parfois des dessins ou des coupures de magazines et catalogues ajoutés au texte peuvent suffire à créer un texte illustré qui fait autant sens pour les étudiants que pour les natifs.

La variété de la matière des sujets dans les journaux nationaux, les quotidiens ou les revues hebdomadaires est énorme et peut être suffisante pour élargir son vocabulaire dans ces domaines. Bien que l'approche ne soit peut-être pas aussi systématique et complète que dans « Les Mille Phrases », il est clair que cela se réfère à des sujets de la vie quotidienne qui, particulièrement dans le cas d'adultes, pourraient les intéresser et représenter une motivation suffisante pour la lecture.

Des exercices peuvent être associés aux articles lus : paraphraser les paragraphes ; donner la définition de certains mots ; résumer ce qui a été lu; commenter le contenu; répondre à des questions posées par l'enseignant sur certains aspects du sujet ou dans le but de pousser l'apprenant à comprendre en profondeur. Un exercice qui pourrait être tenté, quand les circonstances le permettent, est de demander une traduction impromptue dans la langue de l'apprenant (si l'enseignant la comprend).

La traduction est un compagnon de la lecture et de l'écriture. Tout au long de notre travail oral avec les réglettes et les dictées visuelles sur les tableaux, nous avons soigneusement évité d'utiliser les langues d'origine des apprenants. Nous avons même réussi à les bloquer de manière à ce que les apprenants se relient à la nouvelle langue directement et sous forme d'une série de défis particuliers. En général nous avons bien réussi dans cette tâche grâce à notre silence en tant qu'enseignant et au combat qu'ont mené les apprenants pour prononcer chaque mot. Parfois des étudiants profondément engagés dans cette manière d'apprendre ne remarquent même pas quand leur professeur utilise leur propre langue.

Maintenant nous suggérons que les apprenants utilisent leur langue maternelle pour produire des expressions équivalentes à ce qu'ils peuvent dire dans la nouvelle langue, qu'ils les écrivent et découvrent qu'ils ont deux langues à leur disposition pour les mêmes fonctions. Cela leur permettra d'augmenter peut-être grandement le nombre de personnes avec lesquelles ils peuvent être en relation. La traduction sert ici, non pas à apprendre une langue, mais à vérifier sa connaissance d'une langue récemment acquise par rapport à ce qui est déjà une seconde nature.

Il serait utile de suggérer des exercices de traduction qui circulent en aller-retour. Par exemple, supposez qu'une situation avec les réglettes soit proposée : cela peut déclencher des phrases dans deux langues. Alors, au lieu d'une situation, on peut donner aux étudiants la phrase correspondante à partir de laquelle ils produisent la situation avec les réglettes, puis la phrase dans leur langue, ou bien dans l'autre sens. Ainsi les phrases et la réalité seront interchangeables dans le cerveau du traducteur. C'est l'état ordinaire du cerveau des traducteurs professionnels. La lecture et l'écriture sont en conséquence fusionnées de plusieurs manières.

Dans l'enseignement des langues, la lecture est souvent considérée comme le but de l'apprentissage de la langue car elle semble capable d'ouvrir à la littérature et à la culture d'un peuple qui parle habituellement cette langue. Ici nous avons considéré que la lecture a plusieurs significations et nous avons travaillé sur un certain nombre d'entre elles. Les chapitres suivants ajouteront d'autres contributions à cette étude.

9 –
Développer le vocabulaire

Le travail de lecture et d'écriture dans le Chapitre 8 était principalement lié à ce qui peut être fait avec les réglettes et les tableaux.

Bien que les réglettes puissent être utilisées pour symboliser des entités autres qu'elles-mêmes : comme des nombres, des briques de construction, des lignes pour les plans de pièces, des maisons, des rues, parcs, et même des êtres humains agissant comme marionnettes sur la table, animées par les mains de l'enseignant (tout en parlant de ce qu'il a l'intention de suggérer par ces manipulations) il peut être très difficile de faire avec elles ce qu'il est si facile de faire avec des dessins et des images.

C'est pourquoi l'introduction d'images est bien entendu à envisager. Le choix de ce qui est à présenter aux apprenants dans leur cas est illimité, et dans l'approche Silent Way notre choix est fondé **sur le bon sens**, qui nous dicte de nous restreindre d'une façon que nous avons trouvée jusqu'à présent utile, en proposant 1) un point focal qui rassemble l'attention du groupe d'apprenants, 2) des moyens qui déclenchent déjà des mots dans leur langue et peuvent servir de support pour des mots dans la nouvelle langue, 3) une situation contrôlée qui évoque un certain nombre de mots et d'expressions souhaitables, 4) des images qui peuvent aider à faciliter la rétention de groupes de mots.

Si nous voulons que les apprenants soient libres dans le domaine de l'élargissement du vocabulaire au même titre que dans les étapes précédentes, il est clair que nous devons maintenir le même genre de déclencheur de la langue par la perception comme nous l'avons fait précédemment. Si nous voulons que les apprenants soient libres des distractions nous devons 1) leur donner une situation structurée qui n'emmène pas leur pensée ailleurs en les faisant rêvasser, 2) nous limiter à la langue quotidienne en incluant seulement des détails qui s'y réfèrent et en laissant de côté le vocabulaire spécialisé, 3) garder la situation ouverte à l'imagination pour que l'enseignant puisse choisir un certain nombre d'entrées possibles dans des phrases qui s'appuient sur la souplesse des détails de l'image. Celle-ci permettra aux apprenants de faire l'expérience que leur perception et leur imagination peuvent travailler de pair pour faire d'eux de meilleurs utilisateurs des structures de la langue, ajoutées au nouveau vocabulaire.

Afin de rendre l'utilisation des images aussi souple que nous le voudrions, nous avons associé une feuille de travail de quatre pages à chacune d'entre elles. Sur la page 1 nous avons reproduit en noir et blanc l'image à laquelle la feuille correspond. Sur la page 2, nous donnons un nombre de mots qui se réfèrent à l'image, bien que ce ne soit pas explicite. Il est demandé de classer ces mots (imprimés dans la nouvelle langue) par affinité (c'est-à-dire par référence aux significations associées par les natifs à ces mots et aux propriétés de ces objets qui peuvent faire qu'on les classe dans tel ou tel groupe). Sur la page 3, nous ajoutons des mots et demandons aux apprenants de produire des phrases incluant ces mots, ceux de la page 2, ainsi que le vocabulaire fonctionnel. La page 4 est blanche pour écrire une « composition » dans la nouvelle langue sur ce que l'image déclenche individuellement chez chaque apprenant.

Bien entendu la page 1 pourra être utilisée pour écrire, dans la nouvelle langue, les mots correspondant à chaque élément reconnaissable sur l'image. Mais dans le but de continuer à soutenir nos apprenants pour qu'ils aient le sentiment d'être indépendants et qu'ils restent autonomes dans cette phase du travail, voici comment nous agissons :

Après avoir accroché une image sur le tableau de la classe, l'enseignant y pointe un élément et, soit il prononce clairement et fort pour les apprenants le mot qui lui est associé, soit il l'écrit lisiblement et demande à un apprenant, ou à toute la classe, de le lire en chœur. Cette opération est répétée pour chaque mot dont l'enseignant décide qu'il est important pour cette classe. Ensuite, en pointant sur les mots de manière aléatoire, l'enseignant demande aux apprenants de les lire et poursuit en pointant sur l'élément lui-même et en demandant son nom.

Dans certaines classes on peut continuer en offrant un autre exercice : les apprenants sont appelés au tableau et l'enseignant (ou un apprenant qu'il a désigné) prononce un des mots. Il le pointe, et immédiatement après pointe l'élément correspondant sur l'image. On laisse à la classe le soin de juger si c'est correct ou non. Une fois que cette familiarisation a eu lieu, l'enseignant efface soigneusement la collection de mots et demande aux apprenants de regarder la page 1 de leur feuille de travail et d'écrire au crayon à papier les mots déclenchés par les éléments qu'ils y voient.

Cet exercice peut prendre quelques minutes et puis l'enseignant peut demander aux apprenants de se mettre par paires, d'échanger leurs feuilles de mots et d'examiner ensemble l'exactitude et la prononciation de la série de mots qu'ils ont produite. Ils peuvent se suggérer les uns aux autres les changements qu'ils pensent être nécessaires, et ceux-ci, s'ils sont acceptables, peuvent être corrigés par son auteur sur sa feuille de travail.

Après cela, on peut aller encore plus loin : demander à la classe de reconstituer l'ensemble des mots que l'enseignant avait écrits au début et leur emplacement d'origine. La comparaison de ceci avec ce qui figure sur la page 1 de la feuille de travail indiquera à chaque apprenant jusqu'où il peut compter sur les ogdens qu'il a payés pour retenir les mots.

Une alternative à cet exercice est de demander aux apprenants groupés par paires, en prenant la page 2 de l'un d'eux de vérifier l'orthographe des mots écrits sur la page 1 de la feuille de son partenaire. Cette comparaison ne garantit pas l'exactitude de l'emplacement des mots. Seule une bonne mémorisation le fera (ou le paiement réel des ogdens).

Dans la page 2 des feuilles de travail on a donc trouvé des mots de la nouvelle langue qui se réfèrent à des éléments de l'image de la page 1. Leur utilisation pour la question figurant en haut de la page sera, soit simplement reporté à une prochaine leçon (si on n'a pas donné de travail à la maison), soit examinée à la maison, sans regarder l'image, et en ne regardant que les mots. Ceci permet de vérifier quand, et si oui ou non, ils déclenchent une image mentale pour donner leur sens. C'est ce groupe de significations ainsi que la compréhension des consignes données dans la première ligne en haut de la page 2, qui conduiront à l'exercice suivant.

Les mots donnés doivent être réécrits et classés en groupes de mots en fonction des attributs de la réalité qu'ils évoquent. Nous appelons cela la classification par « affinité », et ceci doit être explicité. En retournant vers l'image étudiée et en y pointant les différents éléments, l'enseignant peut dire : « Ceci et cela vont ensemble », ou « appartiennent au même groupe », ou « sont de la même catégorie », ou « sont dans le même groupe », ou « ont une affinité », et il les écrit dans une colonne ; puis il demande à la classe de placer un troisième élément selon son nom, parce qu'il appartient bien d'une certaine manière à cet ensemble. Ensuite, en passant à un élément qui clairement n'appartient pas à cet ensemble, on devrait amener les apprenants à commencer une nouvelle colonne qui peut alors être remplie d'autres éléments. (si nécessaire, on ajoute encore une colonne). Après cela les règles pour les exercices de la page 2 seront clairement comprises pour les feuilles de travail suivantes.

Pour commencer les différentes classifications que les mots suggèrent, il est clair qu'il n'y a pas d'ordre absolu ni dans le choix de telle image, ni dans celui d'aborder telle feuille de travail, ni dans celui de tel mot de la page 2. Cela permet aux apprenants et aux enseignants d'adapter leurs choix en fonction de leur humeur et de leur jugement de ce que requiert le niveau de la classe et son état d'esprit, par ceci nous ajoutons un petit élément de flexibilité à l'approche.

La page 3 de chaque feuille de travail s'intéresse à trois sortes d'intégration :
1- la langue acquise jusqu'ici grâce aux réglettes et aux tableaux, c'est-à-dire la structure de la langue et du vocabulaire fonctionnel,
2- le vocabulaire de la page 2, puis
3- une nouvelle série de mots sur la page 3 qui sont principalement des qualificatifs suggérés par l'image.

Cette page 3 est consacrée à l'écriture libre de phrases déclenchées par la situation décrite ici comme intégration triple. Les phrases ne doivent pas nécessairement être reliées entre elles, bien que personne ne demande non plus qu'elles soient indépendantes les unes des autres.

Le travail de la page 3 est individuel et peut être fait à l'école ou à la maison, ou commencé à un endroit et terminé à l'autre. Sa contribution principale est de rendre les apprenants conscients de leur capacité à utiliser le nouveau vocabulaire immédiatement dans des phrases qui ont du sens et dont les mots sont les seuls composants visibles (c'est-à-dire que l'imagerie dans leur cerveau reste invisible à tout le monde sauf à eux-mêmes). Un niveau de liberté plus grand peut être ainsi atteint dans l'objectif d'une communication responsable.

Du fait que les apprenants présentent les phrases qu'ils ont créées eux-mêmes, ils auront plus de chance de les retenir.

Bien sûr, l'enseignant peut profiter de l'occasion de la présentation des phrases spontanées des apprenants pour recueillir plusieurs indicateurs : dans quelle proportion la langue est-elle à leur disposition ? quelles structures sont encore chancelantes ? quelles activités n'ont pas été suffisantes pour que les apprenants en remarquent l'orthographe, utilisent les structures, et passent en revue leurs créations ? On peut ensuite travailler en grand groupe après avoir choisi dans les feuilles de travail les phrases qui ont le plus d'avenir et les avoir écrites au tableau pour que tous les regardent précisément. Cela peut indiquer qu'une phrase particulière est un modèle, au sens positif, pour son exactitude ou sa brièveté, sa pertinence ou sa mélodie, etc., ou peut faire l'objet de critique par la classe concernant l'ordre des mots, leur orthographe, le choix des expressions, l'adéquation de chaque expression avec son objectif, etc., pour continuer le travail en vue de progresser. Encore une fois, le travail en groupe est le matériel apporté par les contributions individuelles.

La page 4 de la feuille de travail est l'étape la plus ambitieuse de toutes. C'est une page blanche, sauf pour les consignes données en haut, demandant de composer un récit produit complètement individuellement par l'apprenant, qui se laisse inspirer par l'histoire que l'image lui raconte.

La page 4 témoigne de notre optimisme dans cette approche. Nous croyons que :
1- les apprenants vont tenter une composition libre à ce stade (ce qui peut être fait environ vingt heures après que nous avons commencé à enseigner à ces étudiants une nouvelle langue à partir de zéro) et souvent nous ne sommes pas déçus, et
2- que les apprenants sont équipés pour essayer ce genre de chose et qu'ils gagneront, grâce à ça, une précieuse information sur eux-mêmes en tant qu'apprenants de cette langue et sur la manière dont ils s'y prennent avec ce matériel.

La page 4 est par conséquent un test de niveau utile pour ceux qui osent s'attaquer à ce défi au moment où il leur est suggéré. En revanche elle n'apportera pas grand-chose à ceux qui n'essayent pas, car jusqu'à ce qu'ils acceptent de le faire, tout ce que nous savons c'est qu'ils n'ont pas encore envie de prendre ce risque.

En fait, chaque feuille de travail est un test à visées multiples. Il est individuel, nous donne des occasions d'apprendre sur l'enseignement, sur l'approche Silent Way, et sur la confiance que nous faisons aux apprenants tandis que nous individualisons la façon de les rencontrer et de les faire travailler.

Certaines des phrases composées dans la page 3 et la page 4 pourront être rassemblées et venir élargir le « livre de la classe » que nous avons mentionné dans le chapitre précédent. Les productions des apprenants pourront être un matériel vital grâce à l'originalité montrée par les écrivains imprévisibles engagés dans ce projet d'écriture.

Ce que nous venons d'exposer parle des feuilles de travail concernant 10 images que nous avons produites au bénéfice des apprenants. Maintenant nous allons parler des images elles-mêmes, et de la manière dont nous avons pensé les utiliser dans la classe. Les numéros donnés aux images ne décrivent pas un ordre sauf peut-être le n°1 qui n'est pas autant que les autres susceptible de produire un très grand vocabulaire.

Il y aurait pu y avoir beaucoup plus d'images que dix, bien qu'elles génèrent des ouvertures vers de plus vastes horizons, mais nous nous sommes arrêtés à ce nombre car d'autres moyens sont apparus pour emmener les apprenants plus loin.

 Les feuilles de travail produites par Gattegno et le vocabulaire en français sont reproduites ici à l'exception des pages 3 et 4 de chaque thème, qui sont des exercices que Gattegno décrit plus loin dans ce livre.

9 - DÉVELOPPER LE VOCABULAIRE

N°1 - LE CHAT

LA METHODE SILENCIEUSE

Dix Feuilles de Travail   No. 1

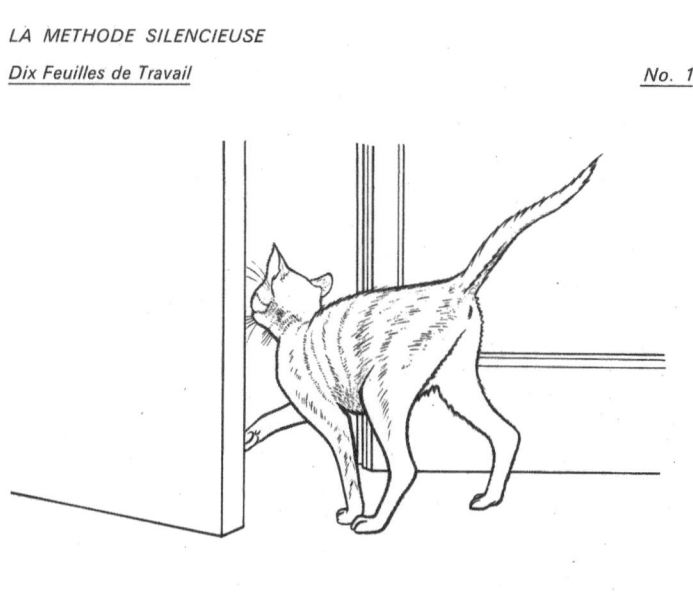

© C. GATTEGNO, 1966

Vocabulaire, 1) pour l'environnement : *porte, plancher, sol, mur, pièces, chambres, lumière, ombre, ouverte, droite, gauche* ; 2) pour l'animal : *pattes, tête, oreilles, moustaches, cou, dos, queue, pattes, griffes, poils, souple.* 3) Pour l'humeur : *attentif, prudent, sur ses gardes, tranquillement.* 4) Quelques verbes : *se tient, marche, pousse, ouvre, regarde, écoute*

95

N°2 - LA CHAMBRE

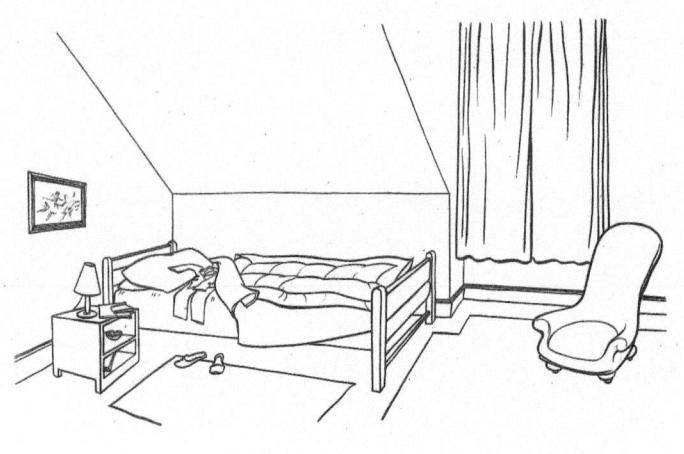

Vocabulaire, 1) avec mur, plancher — déjà rencontrés — les mots pour la pièce elle-même : *plafond, fenêtre, rideaux, tapis, lit, table de chevet, photo ou peinture et cadre, fauteuil*, 2) pour une personne vivant là : *pantoufles, pyjamas, cendrier, lit, oreiller taie d'oreiller, draps, couverture, édredon* ; 3) pour le lit : *tête de lit, pieds de lit, matelas*, 4) pour le fauteuil : *dossier, accoudoirs, pieds*.

N°3 - L'HOMME

Vocabulaire, 1) pour la situation : *à la maison, détendu, assis, tenant un journal, en vacances, au chômage, repos, intéressé, concentré, lit,* pour l'homme : *genou, jambe, croisées, mains, front, coudes, épaules, poignets, dents, sourcils, nez, visage, hanches, chevilles, doigts, cou, bouche, ongle, pouce, sourit, fume,* 3) pour les vêtements : *pantalon, boutonnière, chaussettes, chemise, col, manches, boutons* 4) pour les objets : *pipe, lunettes, siège, journal, mots croisés, énigme, chaise à bascule.*

N°4 - LE PIQUE-NIQUE

Vocabulaire, 1) pour partir en pique-nique : *repas, casse-croûte, ami(e), appétit, parc, en chemin, simple, porter, inviter, faim, sortir, jetable, tronc* 2) pour la situation : *arbre, branches, feuilles, feuillage, ombre, herbe, panier, assis, jeune fille, robe d'été, cheveux, jeune homme, propositions, jeunesse, sandales, main, regard* ; 3) pour les choses à emporter : *nappe, bouteille, bouchon, verre, assiette, couteau, serviette* 4) pour les choses à manger : *pain, saucisson, nourriture, bananes, pommes, boisson, fruit, sandwich, fromage*

N° 5 - LA MAISON

Vocabulaire, 1) pour la maison : *toit, cheminée, tuiles, gouttières, grenier, porte d'entrée, fenêtres, chambre, histoire, garage, marches, logement, chez-soi* ; 2) pour l'extérieur : *jardin, portail, fermer, arrière-cour, arbustes, pelouse, haie, allée, fleurs, parterre de fleurs, muret, portillon, pendre soin de* ; 3) pour les environs : *trottoir, boîte aux lettres, circulation, rue, ciment, silence, voisinage, les banlieues, dans la ville, beau temps, pluie* 4) pour les personnages : *calme, enfant, les gens, dame, mère, panier à provisions*

N°6 - UNE SCÈNE

Vocabulaire, 1) *pour les personnages et leurs activités : fille, mère, leçon, pratique, jouer, s'inquiéter, souci, excité, prévenir* ; 2) *pour la pièce : fenêtre, carreaux, cadres, fermeture, vitres, verre, lustre, piano, droit, tabouret, musique, notes, touches, rideaux, bordure, ouvert, fermé,* 3) pour l'environnement : température, printemps, dehors, feuillage, saison, matin, sol, terre, chien, platebande, extérieur, appeler, lire, vu.

N°7 - LA VOITURE DE COLLECTION

LA METHODE SILENCIEUSE

<u>Dix Feuilles de Travail</u>   *No. 7*

© C. GATTEGNO, 1966

Vocabulaire, 1) *pour la voiture elle-même : voiture, de marque, collection, conduite, volant, toit, moteur, roues, rayons, moyeu, garde-boue, pneus, caoutchouc, ancien modèle, rétroviseur, miroir, phare, radiateur, portière, vitre, essuie-glace, charnières, plaque d'immatriculation, clignotant, boîte à outils, freins, marchepieds, insigne, poignée, Rolls Royce, roule, solide, durable, rapide, confortable ; 2) pour la vie sur la route : conduire, vite, vitesse, voyage, routes, coin, chauffeur, passager, piéton ; 3) pour conduire une voiture de luxe : élégante, bien construite, chère, statut, riche, classique, modèle*

N°8 - LA FAMILLE

LA METHODE SILENCIEUSE

Dix Feuilles de Travail   No. 8

© C. GATTEGNO, 1966

Vocabulaire, 1) pour les membres de la famille : *père, mère, grand-mère, garçon, fils, fille, famille, frère, sœur, se ressemblent, parents, grands-parents, calvitie, enfants, parenté*, 2) pour les choses que l'on porte : *chapeau, plume, veste, bouton, swea-shirt, pull-over, cravate, shorts, pantalon, robe, jupe, chaussettes, chaussures, gants, manteau, poche, ceinture, chemise, chemisier, ruban*, 3) pour une sortie : *temps libre, saison, loisirs, férié, congé, s'amuser, prendre du bon temps, visiter, après-midi, arrêt de bus, église, maquillage, classe moyenne, dimanche, habillé*, 4) pour les choses qu'on porte : *cerf-volant, canne, pochette, sac à main, miroir, ficelle, courte, peigne, porte-monnaie.*

N°9 - LE SUPERMARCHÉ

LA METHODE SILENCIEUSE

<u>Dix Feuilles de Travail</u>   <u>No. 9</u>

© C. GATTEGNO, 1966

Vocabulaire, 1) pour faire les courses : *choisit, achète, examine, réduction, observer, sac à provisions, spécial, apprécier, regarde, s'amuse, liste de courses, points, marchander, occasion, client, attendre, panier, contemple, provisions, repas, commission, achats, manger, déjeuner, frais* ; 2) pour le magasin : *rayon, caisses, vitrine, peser, vendeur, vendeuse, balance, congélateur, étagère, contenant,* 3) pour les choses à acheter : *choux-fleurs, beurre, fromage, laitages, yaourt, viande, thé, café, sucre, confiture, bonbons, biscuits, bière, huile, vinaigre, jus de fruits, jambon, fruits, raisins, légumes, sodas, soupe, oignons, céleri, poireaux, choux, poires, glace, pain, pot, conserves, pamplemousse, emballage, cannette, bouteille, épicerie, lait, surgelés, fleurs.*

N°10 - AU RESTAURANT

LA METHODE SILENCIEUSE

Dix Feuilles de Travail   No. 10

© C. GATTEGNO, 1966

Vocabulaire, 1) pour mettre le couvert : *nappe, couteaux, fourchette, assiette, cuillère, papier, bouteille, carafe, pot, sel, salière, poivre, poivrière, corbeille, beurre, beurrier, serviette, couverts, set de table, ronde, à deux, tête à tête, table d'hôte, cendrier, fleurs* ; 2) pour aller au restaurant : *menu, affiche, enseigne, habitué, service, serveuse, serveur, propriétaire, gérant, personnel, emplacement, anniversaire, réservation, occasion spéciale, spécialité, invité, pourboire, rendez-vous, disposition des tables, petit, vase,* 3) pour d'autres mots en relation avec les repas et les habitudes alimentaires : *vin, moutarde, eau, midi, déjeuner, dîner, souper, petit-déjeuner, boissons.*

MODE D'EMPLOI D'UNE IMAGE À TITRE D'EXEMPLE
LA FAMILLE

Nous avons donné un aperçu des intentions pédagogiques au début de ce chapitre. Le vocabulaire autour de l'image formera au moins deux cercles, et le nombre de flèches risque de créer de la confusion. On devra donc choisir des mots qui pourront être présentés en premier, pratiqués à fond, et ensuite effacés avant d'introduire la seconde série de mots puis la troisième.

Disons que nous choisissons d'abord les noms : *Papa, M. Dupont*, et *Maman, Mme Dupont* ; *les fils* : *Pierre, Jean, Kévin* (n'importe quel nom fera l'affaire) ; *les filles (Jennie, Emilie)*. Nous engageons alors la classe à décrire la scène en disant ce qu'elle voit. « *Toute la famille est debout, en ligne* » Les mots en italiques pourront être fournis par l'enseignant et former une deuxième série de mots. « Papa et Maman sont au milieu, leurs fils sont à leur droite et leurs filles sont à leur gauche ». Maman tient Kévin par la main, Pierre tient un modèle réduit d'avion et Jean a dans la main droite un cerf-volant que Kevin veut lui prendre. Maman le retient. Jennie se regarde dans un petit *miroir* tandis qu'Emilie ferme son *porte-monnaie*. Les deux ont des *gants* dans la main gauche. Jennie tient un *peigne* dans la main droite et *se coiffe*. Les deux filles ont des rubans dans les cheveux. Jennie utilise le sien pour attacher sa natte avec un nœud. Emilie porte un bandeau sur la tête. Papa porte un *costume* trois pièces, sa *veste* a trois boutons, il porte *une cravate*, une *pochette*, et tient son *chapeau* et sa *canne* à la main. Sous sa veste, il y a un *gilet*. Maman tient son *petit sac à main* dans la main gauche, contre sa *poitrine*. Kevin est le seul qui porte un *manteau*. Est-ce que tous les enfants portent un gros pull ? Ils portent tous des chaussures. Maman porte des chaussures à *talons*. Sur le chapeau de Maman, il y a des *plumes*.

On peut introduire une troisième série de mots et les utiliser immédiatement dans des phrases. « Pierre et Jean portent des chaussures à *lacets*. Les chaussures de Kévin ont des boucles ; celles d'Emilie ont *un bouton* chacune. Les autres portent des chaussures souples. Les filles et Kévin portent des chaussettes longues. Les chaussettes de Jean sont retournées aux genoux. Des trois garçons seulement Pierre porte des pantalons longs comme son père. Jennie porte une *jupe plissée*. Papa est *chauve* et regarde Emilie affectueusement. Chacun a l'air très occupé avec une chose ou l'autre. C'est peut-être une famille de *classe moyenne*, pour laquelle

105

il y a une occasion spéciale de sortir ensemble en famille. Peut-être qu'ils attendent un *bus* sur le *trottoir*. Ils n'ont pas l'air d'être *pressés* — Puisque les gens n'emportent pas de jouets à *l'église,* nous pouvons dire que la famille sort peut-être faire une *visite* ou juste une sortie dans un *parc*. Kévin est coiffé avec une *raie* à gauche. Celle de Pierre est sur la droite. Jean *a les cheveux taillés en brosse*. Maman et Papa ont l'air *démodé* avec leurs *façons conventionnelles de s'habiller* et d'habiller leurs enfants. C'est peut-être la *mi-saison* du printemps ou de l'automne car seule Maman porte un *par-dessus*. Les *prévisions météo* n'annoncent pas la pluie car personne n'a de *parapluie*. Le sac à main de Maman est assez *volumineux* et il se peut qu'il contienne beaucoup de choses. Les sacs à mains des filles sont petits et peut-être vides. Les personnages ne sont pas rangés *en ligne* car on voit que Maman est en partie cachée par Papa. Il pourrait y avoir trois plans avec les filles au premier plan, Papa légèrement derrière elles, et les quatre autres encore derrière sur le même plan que Maman. L'image ne montre pas clairement que tous ces enfants sont *frères* et *sœurs*. Certains d'entre eux pourraient être des enfants *adoptés*. Peut-être même que M. et Mme Dupont ne sont pas leurs *parents* du tout. Ils pourraient être des *éducateurs* qui les prennent en charge pour une *sortie* ».

Avec ces dernières phrases qui pourraient bien être écrites sur la page 3 nous abordons déjà la phase de composition libre en lien avec la page 4 des feuilles de travail. Bien sûr, les mots pour « l'enfant le plus jeune, les plus âgés, les enfants du milieu » font tous partie de ce qui peut être fait avec les tableaux de mots et ne sont pas un vocabulaire de luxe même s'ils sont utilisés pour la première fois à l'occasion de cet exercice. L'enseignant pourra noter comment sa classe fait le travail que nous venons de décrire et décider, soit de donner une partie d'une histoire suggérée par l'image, (pour la page 4 de la feuille de travail) soit de collecter les phrases individuelles comme matériel de travail pour la classe à étudier par tous.

La souplesse à laquelle nous encourageons doit être, ici aussi, visible. La lecture des textes composés sera ajoutée à toutes les lectures précédentes, et ce matériel, quand on s'engage à acquérir une langue, peut servir à montrer à quel point le vocabulaire fonctionnel est important, en tant que collection de structures manifestant l'esprit du peuple qui en a hérité. Mais pour élargir le vocabulaire le paiement des ogdens est nécessaire, et nous faisons cela à travers le livre « les Mille Phrases ».

LE LIVRE DES MILLE PHRASES

Il est évident qu'un livre, quelle qu'en soit la langue étrangère, ne révèle pas son secret, même à quelqu'un qui peut en décoder chaque mot. Les mots ne sont pas des symboles : ils ne disent pas beaucoup par eux-mêmes comme le font les symboles. Ils sont simplement des signes, essentiellement arbitraires mais qui s'adressent à notre intelligence en lui donnant des indices grâce à certains aspects de leur forme. C'est pourquoi nous pouvons développer un processus pour décrypter le sens des phrases, même quand on n'y a pas accès immédiatement. Par exemple, les préfixes, suffixes, racines ou dérivés suggèrent des sens probables. La congruence entre les mots d'une phrase ou les phrases d'un paragraphe peut apporter à notre intelligence, en lien avec la rétention, une idée du sujet dont traite le texte.

Donc, lire un livre dans toute langue étudiée est une tâche qui si elle est audacieuse, n'est globalement pas impossible. Toutefois, il vaut mieux aborder les livres après avoir acquis une certaine expérience de la langue.

C'est pourquoi nous introduisons notre premier livre seulement maintenant et ne faisons appel à aucun autre outil de travail que le mot écrit pour proposer cette énorme expansion de notre capacité d'approfondir la nouvelle langue.

Il faut donner aux nouveaux venus dans une langue des tâches dans lesquelles ils puissent se retrouver, ni difficiles au point de les décourager, ni si faciles qu'elles apparaissent sans intérêt. Nous avons pris le parti de montrer d'une phrase à l'autre les obstacles que peuvent présenter la lecture d'un texte. Ceci a pour conséquence que le rapport entre elles est peu important. Ainsi, pour contribuer à une séquence d'apprentissage en particulier il est possible de démarrer la lecture en nous cantonnant à une seule phrase. Cette souplesse est importante à ce stade car elle indique aux apprenants que le travail de lecture n'est pas d'accumuler les pages tournées, mais de faire tout ce qui peut être fait avec une seule phrase, avec quelques phrases, ou beaucoup d'entre elles.

Le livre des mille Phrases est organisé de telle manière qu'on porte l'attention sur les mots utilisés dans divers aspects de la vie quotidienne, à commencer par un lieu d'habitation et en poursuivant de plus en plus loin dans l'espace, le temps, et la complexité. Un coup d'œil à la table des matières le montrera. Mais ce qui est aussi prévu c'est qu'on puisse se servir des phrases pour d'autres fonctions qui aideront les apprenants à gagner en liberté et à étendre leur maîtrise de cette langue.

Puisqu'on connaît d'avance le niveau auquel on introduit le livre, on sait déjà que les apprenants comprennent que le phrasé et l'intonation sont nécessaires pour contribuer à la compréhension. Nous donnons aux apprenants des phrases à lire, mais ne demandons pas encore une compréhension du contenu parce que dans chacune d'elles il y a des mots qui ne déclenchent pas de signification. Lire *comme si* l'on comprenait est un des exercices que nous donnons à nos apprenants afin d'être sûrs que les mots ne sont pas lus de manière isolée, que l'aspect d'un point d'interrogation, d'un point d'exclamation, d'une virgule, de deux points, d'un point-virgule, ou point final, génèrent chez le lecteur des comportements reconnaissables par ce que fait la voix, ou par la durée d'une pause. Si le phrasé est encore chancelant, il est possible d'associer à chaque phrase une série de chiffres décrivant ce qui est nécessaire.

✐ Nous entamons ici un travail sur les césures.

Par exemple en français 4/5/4/2/8/7/5/5/4/3 indiquent à l'apprenant que la phrase suivante est à lire ainsi :

« C'est en partie/ à cause du climat,/ et en partie/ parce que/ différentes régions du pays/ ont été influencées/ par les traditions/ que les étrangers/ ont apportées/ avec eux ».

En complément l'enseignant peut faire des signes pour indiquer, en élevant les mains et les tenant horizontalement, ou en les abaissant, que la phrase demande à la voix de monter, de rester au même niveau ou de descendre. Si on dessine au tableau pour donner une instruction plus visible cela donnera quelque chose comme ceci :

Pratiquer une douzaine de phrases de cette façon devrait faire établir la conscience que lire à haute voix ressemble à parler et de ce fait peut mettre à disposition du lecteur tout ce qui a été acquis jusque-là dans le travail oral avec les réglettes et les tableaux. Les apprenants prendront conscience que certains mots vont toujours ensemble quand on lit, alors qu'ils sont séparés dans l'écrit, que les séquences de phrases peuvent comprendre 1,

2 ou 3 mots, et très rarement au-delà de 5. Ils vont observer comment la voix monte et descend et comment, au-delà même de comporter des sons nouveaux, la nouvelle langue diffère de la leur dans sa mélodie.

L'exercice ci-dessus peut bien sûr être appliqué à partir de n'importe quelle phrase trouvée où que ce soit. Mais dans ce livre « Les Mille Phrases », le fait d'isoler les phrases, en leur donnant à chacune un numéro, suggère de faire cet exercice en premier, car il se trouve être important au service du locuteur et du lecteur qu'est chaque apprenant.

 « Les Mille Phrases » écrites par C. Gattegno en français, et en plusieurs langues, donnent de multiples situations d'apprentissage, progressives, et inscrites dans un contexte culturel et historique, voire philosophique. Certaines seraient à réadapter pour notre époque.

Un autre exercice consistera à illustrer les phrases ou groupes de phrases. On donne aux apprenants des catalogues de commande d'articles par correspondance ou des pages publicitaires de journaux montrant les objets mentionnés dans certaines des phrases sélectionnées quand on avait étudié les objets de la maison (vaisselle, argenterie, meubles, cuisine, salle de bains, instruments de nettoyage) ou dans les bureaux ; des images d'instruments de musique, de groupes musicaux ou d'orchestres, etc. Des tableaux ou des plans peuvent être fabriqués pour indiquer les relations familiales, les grades militaires, les grades hiérarchiques dans l'administration, les églises, l'éducation, les syndicats, etc. Ces groupes de mots peuvent se situer dans ou au-delà des besoins ou centres d'intérêts de ces apprenants, et les enseignants devront sélectionner quelle partie du livre laisser de côté et lesquelles illustrer.

On pourra proposer des compositions types pour rassembler certains mots. C'est-à-dire qu'on peut considérer qu'un certain nombre des phrases dans ce livre sont faites pour décrire de nombreuses situations sociales dont elles parlent. Par exemple, pour rassembler le vocabulaire de la famille, les apprenants peuvent écrire : « *Quand un homme qui était marié perd sa femme par décès on dit qu'il est veuf, mais on dit qu'il est divorcé s'il s'est séparé légalement, et séparé si cela s'est fait sans démarche officielle. Quand mari et femme n'ont pas d'enfants à eux, ils peuvent soit en adopter, soit en parrainer par le biais d'associations selon les lois en vigueur dans leur pays* », et ainsi de suite.

Par ailleurs, le vocabulaire donné dans les « Mille Phrases » se prête à une réorganisation des phrases pour produire un texte continu qui pourra être lu en classe. Les enseignants pourraient donner à différents apprenants la consigne de composer des textes dont les phrases, à l'origine séparées les unes des autres, deviennent des éléments d'un nouveau texte, si ce n'est d'une histoire.

De même, tenter d'écrire des histoires peut s'avérer être une activité facile et agréable pour certains apprenants ayant une bonne maîtrise du vocabulaire fonctionnel et dont l'imagination a juste besoin d'être stimulée par le contact avec les mots et les définitions trouvés dans les phrases. Si, par exemple, les enseignants autorisent les apprenants à laisser des trous pour les mots qu'ils aimeraient connaître — mais ne connaissent pas — et à les utiliser avec d'autres mots qui leurs sont disponibles, qu'ensuite le texte produit est rendu aux apprenants avec les trous remplis par l'enseignant, nous pouvons découvrir un nouvel outil pour mesurer l'apprentissage dans la liberté de faire le mieux qu'on peut avec ce qu'on a.

Il est clair que quand les enseignants sauront ce que ce livre contient, ils pourront peut-être utiliser les 10 images combinées avec Les Mille Phrases. En particulier, la chambre, la voiture, sur la route, la famille et le supermarché peuvent être utiles pour fournir des images pour les mots de certaines parties du livre. On pourra inviter les apprenants à suggérer leurs propres images pour un groupe de phrases ; ces images pourraient être produites par quelqu'un de la classe et par la suite servir d'outils complémentaires pour rassembler un champ lexical et faciliter la rétention des mots non fonctionnels.

Dans ce chapitre, nous avons posé prudemment des étapes pour élargir le champ lexical au-delà du vocabulaire structurel faisant fonctionner la langue. Il se peut que nous ayons atteint un total très respectable de plusieurs milliers de mots utiles et toujours sans avoir utilisé de listes de vocabulaire à apprendre par cœur. Pour acquérir l'usage de ces mots avec l'aisance qui est le signe de la maîtrise nous avons proposé quelques exercices qui insistent sur la notion de champ lexical. Bien sûr, il y en a beaucoup d'autres : la conversation à propos des contenus de n'importe laquelle des images ; les compositions de textes sur la page 4 des feuilles de travail qui peuvent être développées pour inclure toute une série de phrases du Livre des Mille Phrases ; la composition et les dialogues libres

9 - DÉVELOPPER LE VOCABULAIRE

qui peuvent venir à la suite des exercices, comme ceux suggérés dans le chapitre 7 dans l'expansion de l'utilisation des Tableaux Muraux. Tout cela donnera envie aux apprenants de recourir à des champs lexicaux de plus en plus larges pour s'exprimer. Le besoin d'avoir du vocabulaire pour s'exprimer servira de motivation pour retenir les mots rencontrés dans les leçons et dans le travail personnel à la maison.

10 – Évaluer les progrès

Dans tous les exercices où nous nous sommes investis jusqu'ici, il était possible d'être à l'écoute du rythme des apprenants. Ce chapitre sera consacré à examiner de près la façon dont nous prenons soin d'être parfaitement informés de ce qui se passe pendant les cours et d'être guidés dans notre enseignement par les contributions des apprenants.

Sachant qu'il y a des éléments qu'ils ne peuvent pas inventer, nous ne pouvons pas attendre d'eux qu'ils les utilisent avant d'être parvenus à se les approprier et les retenir — nous disons en payant leurs ogdens pour les retenir. Donc, pour nous assurer que les apprenants les payent bien, nous, en tant qu'enseignants, devons veiller à ce que les éléments en question soient reliés entre eux correctement. Par exemple s'il s'agit d'un son, s'assurer qu'il est entendu et que les éléments qui le composent, sont clairement reconnaissables. Les apprenants connaissent déjà le rôle de l'écoute active dans ce qu'ils entendent : une écoute où le Moi est présent aux oreilles et où les distractions sont mises de côté par la volonté. Les apprenants doivent mettre en place cela ; sans quoi la rétention sera peu probable. L'enseignant peut seulement espérer que cela soit fait et peut-être les inciter fortement à le faire, mais ne peut pas les y forcer.

Il est par conséquent important d'être en relation avec les apprenants de telle façon qu'ils trouvent que c'est facile et dans leur intérêt, d'écouter. Une façon de le faire est de bannir la répétition. Si les apprenants savent qu'ils ne pourront peut-être plus entendre le son en question, ils se rendront peut-être compte qu'ils doivent saisir l'occasion dès qu'elle se présente. Une condition pour bien entendre est que le son reçu soit clairement articulé et avec suffisamment d'énergie pour atteindre chacun des apprenants, d'où notre règle du « fort et clairement » pour la prononciation par la voix qui porte le nouveau son aux oreilles des apprenants.

Mais comme nous ne parlons pas avec nos oreilles, nous devons transférer les informations reçues par l'oreille au système vocal qui va prononcer le son. Nous devons nous souvenir que lorsque nous étions bébés nous avons tous construit un système très élaboré de connexions entre notre système volontaire de production de sons, notre oreille analytique interne et les organisations complexes des cellules de notre cerveau. Si bien que nous savons directement ce que nous disons, grâce au contact de notre Moi au travail dans notre système vocal, et indirectement par l'impact de ces paroles sur nos oreilles. Pendant des mois d'observation et de vérification minutieuse de ces deux systèmes et de leurs connexions, nous construisons un système unifié, capable d'analyser tous les sons émis par les personnes extérieures et d'utiliser notre propre voix, pour produire l'équivalent de ce que nous entendons. Ce système unifié est indispensable à l'apprentissage pour savoir comment apprendre à parler la langue qui nous environne. Exception faite pour les sourds, nous parvenons tous à créer un instrument adapté et fiable qui nous sert ensuite pour le reste de notre vie. Pour qu'il devienne automatique, cela requiert une conscience particulière qui restitue la connexion entre l'audition et la prononciation. D'où notre suggestion (au lieu de s'appuyer sur l'imitation d'un modèle), de trouver le moyen d'amener les apprenants à travailler d'abord sur leur fonctionnement volontaire pour s'entendre eux-mêmes produire les sons. De cette manière chaque apprenant *sait* lui-même directement s'il fait ce qui est nécessaire pour produire les éléments des sons de la nouvelle langue et il *s'applique* à établir les critères (somatiques et de perceptions) qui l'assurent que ces sons sont reconnaissables par les oreilles, le cerveau et le système vocal.

En tant qu'enseignants avertis de la complexité de cette tâche, nous devons nous concentrer sur notre propre écoute et ce que les apprenants produisent, et nous devons développer une panoplie de gestes que les apprenants comprennent afin de leur signaler ce qu'ils doivent mettre en œuvre pour produire les sons requis. La relation avec les apprenants est telle qu'elle leur donne la possibilité de travailler précisément et seulement sur ce qu'il est nécessaire de rectifier.

Une fois que les apprenants comprennent les gestes convenus, ils peuvent les utiliser pour se dire à eux-mêmes quoi faire pour rectifier les choses. Parce que dans une langue il n'y a pas de vérité absolue, pour se corriger il s'agit de se débrouiller pour produire les sons délibérément, en se rapprochant de ce que les natifs produisent spontanément. En cela l'enseignant a une place : les apprenants doivent savoir qu'ils ont fait quelque chose de correct à un certain moment, et notre règle est qu'à chaque fois que nous laissons passer quelque chose, ils peuvent en conclure que c'est acceptable soit comme étant juste, soit au moins comme une approximation suffisante dans les circonstances présentes.

Ainsi les apprenants savent qu'ils ont fait les choses correctement, ou suffisamment bien, ou encore qu'ils doivent travailler sur quelque chose pour améliorer leur résultat.

L'enseignant doit avoir des critères pour savoir ce qu'il laisse ou non passer. Les apprenants doivent parfois connaître ces critères et parfois ils peuvent les accepter comme faisant partie des codes mis en place dans la relation enseignant-apprenant. Certainement que ces critères sont réels et feront bientôt partie du fonctionnement des apprenants, mais il n'est pas urgent qu'ils s'en préoccupent.

En fait, ici nous touchons à nouveau à la différence entre ces deux relations : d'une part l'enseignant et l'apprenant, d'autre part l'apprenant et la langue.

L'enseignant a deux fonctions par rapport à l'apprenant :
- il doit forcer la conscience,
- il doit fournir les exercices pour garantir l'aisance.

Forcer la conscience consiste à générer des situations non ambiguës conduisant à reconnaître de manière incontournable que les mots qu'ils entendent sont bien l'expression de ce qu'ils perçoivent.

Garantir l'aisance voudra dire des choses différentes selon les circonstances : parfois cela signifiera simplement qu'un certain son doit être prononcé encore et encore jusqu'à ce que la tendance vers sa production soit clairement perceptible ; parfois cela voudra dire qu'une série de mots sera donnée au fur et à mesure que les situations varient, parfois cela voudra dire de revenir encore et encore sur une phrase qui a été difficile à construire, en la modifiant légèrement de nombreuses fois, jusqu'à ce qu'elle soit prononcée avec aisance, et presque spontanément, et de continuer ainsi.

Les apprenants aussi ont deux fonctions, toutes deux sont liées à la langue. C'est pourquoi ils n'ont pas à se préoccuper de l'enseignant.

- L'une de ces fonctions est de laisser la situation avoir un impact sur eux en tant que déclencheur verbal.
- L'autre est d'intégrer le nouveau vocabulaire à celui déjà acquis, en utilisant l'ancien pour qu'il s'accorde avec le nouveau.

La conscience et l'aisance sont toutes deux des réalités sur lesquelles s'appuyer pour rendre visible et « évaluer » l'avancement de l'apprentissage. Nous pouvons considérer tout ce qui est reconnu, comme étant un accès réel à la conscience, ou comme l'un des signes de l'aisance. Ces signes objectifs sont différents selon le domaine sur lequel nous travaillons, mais leur présence-même peut être considérée comme un « indicateur », un « point de repère », ou une « unité de mesure » selon le jargon que nous utilisons.

Tout comme l'aisance, on reconnait la conscience à ses attributs. Mais les attributs de la conscience peuvent aller de pair avec des signes de maladresse et d'hésitation, qui n'apparaissent pas quand on observe une aisance déjà bien ancrée.

Il est possible, par exemple, d'être conscient d'un son de la nouvelle langue, et de rester incapable de le produire pendant un certain temps : des heures, des jours ou même des mois. La conscience et l'aisance sont tellement différentes, que personne ne peut dire pendant combien de temps l'aisance a peiné pour rattraper la conscience, une fois que le son particulier a été produit correctement.

Les signes de conscience sans l'aisance peuvent se remarquer quand les apprenants sont prêts à recommencer encore et encore afin de découvrir comment ils doivent s'y prendre avec leur corps pour produire les sons, pour utiliser leur intellect, pour déchiffrer les mots prononcés par l'enseignant (comme par exemple « *pas si loin dans la gorge* » ou « *gardez de la salive dans la bouche* », ou « *ne le faites pas passer par le nez* », etc.); et quand ils sont prêts à s'observer pour savoir ce qu'*ils* sont en train de faire. A partir de telles consciences ils sauront que donner des ordres à *leur propre* système vocal volontaire dépend de l'écoute de ce qu'*ils* entendent, de ce qu'*ils* sont en train de produire, et de comment utiliser *leur* expérience pour modifier *leur* prononciation.

La conscience est nécessaire pour avancer dans toute activité qui mène à l'aisance. Pour les apprenants, c'est la conscience de certains fonctionnements ; pour l'enseignant, c'est la conscience de cette conscience particulière qui est nécessaire. Sans cela, il n'y a aucune chance de faire ce qu'il convient en toute connaissance de cause. Peut-être que cette question est la question clé à garder à l'esprit si nous voulons affirmer que nous savons vraiment ce que nous faisons quand nous enseignons. Dans le cas de l'aisance, il est évident que plus nombreuses seront les occasions de prononcer, mieux les structures seront reconnues et seront utilisées en donnant des indices que les apprenants sont en train de surmonter les difficultés rencontrées. Nous avons alors accès à une mesure implicite qu'il est même possible de mettre en chiffres, si on le désire.

Combien de mots peuvent être prononcés correctement et combien de temps cela prend-il pour atteindre cette maîtrise ?

Quelle longueur peuvent avoir les phrases en vue des objectifs suivants ? : être retenues après que le formateur les a pointées en silence sur les tableaux ; être prononcées avec la bonne mélodie pour en transmettre les significations aux natifs ; être Indiquées par les apprenants sur les tableaux ; écrites sans erreur par les apprenants après une dictée visuelle ; lues correctement à partir de l'écriture d'un collègue qui fait de son mieux pour être lisible ? mémorisées lors de la leçon suivante ou d'une occasion plus tardive ?

 La dictée visuelle est une technique très courante en approche Gattegno, utilisée dans l'apprentissage de la lecture et de l'écriture de la langue maternelle ainsi qu'en Silent Way. Elle consiste à pointer au Fidel et sur les tableaux de mots, des mots puis des phrases entières, en même temps que le groupe lit à haute voix et remarque l'orthographe utilisée. Les jeux de pointage de l'enseignant et des élèves sont multiples pour acquérir de la pratique, en alliant le mouvement et la perception, ils ont beaucoup de succès auprès des apprenants.

L'aisance est mesurable pour les raisons suivantes : a) elle est liée à la durée, b) elle se réfère vraiment à la longueur des phrases, c) elle peut tenir compte de la complexité et d) de certaines subtilités de la nouvelle langue telles que les natifs les pratiquent.

Il devient donc possible de proposer une suite d'étapes dans la classe qui sont des activités visant la maîtrise de certains éléments, témoignant de l'aisance atteinte dans différents domaines. On peut associer ces étapes à des « mesures » qui témoignent en continu que les enseignants font ce qu'il convient de faire parce que leurs étudiants parviennent à maîtriser le travail proposé par chaque leçon. Alors, eux aussi font ce qu'il convient de faire pour apprendre.

Ainsi, on peut (en retournant aux situations énoncées dans le chapitre 6) montrer successivement les noms des couleurs de 9 réglettes différentes, et noter combien de temps il faut aux apprenants pour déclencher spontanément les mots appropriés. Un peu plus tard, quand le pluriel et les mots *un*, *deux*, *et et* sont assimilés, le test pourrait être d'utiliser une séquence de réglettes contenant une ou deux des réglettes données et observer combien de temps cela prendrait pour obtenir :
- une séquence de prononciations suffisamment bonnes, en réponse à la séquence pointée par l'enseignant (une séquence par apprenant) et
- une prononciation rapide de chacune de ces séquences (rapide signifiant que les sons sont prononcés au rythme où les réglettes sont désignées par le pointeur et aussi vite que le feraient les natifs dans la même situation).

Dans ce domaine, on peut dire que l'aisance a été atteinte si ces résultats sont obtenus. On peut aussi prendre note du nombre de fois où les apprenants doivent être sollicités avant qu'ils ne s'engagent dans des activités spécifiques utilisant les mots ou les structures présentées. Si ces incitations diminuent en nombre au fur et à mesure que nous avançons dans le contenu, cela indique avec certitude que les apprenants ont reconnu pendant leur apprentissage ce qui est efficace et qu'ils ont été capables de s'en servir plus méthodiquement.

Quand on aborde le domaine des structures, la conscience de la langue signifie ce que la plupart des gens appellent la compréhension. Les apprenants sauront à quoi les mots correspondent et ce que génère la présence de certains mots fonctionnels tels que *ne pas*, *et*, *si*, etc., qui affectent l'ensemble d'un énoncé. Les apprenants auront atteint l'aisance lorsque, en plus de l'ordre des mots requis par une nouvelle structure, ils sauront jongler avec cet ordre ; par exemple à partir d'une phrase source donnée, ils pourront *sentir* quelle réaction serait possible en maniant les formes interrogatives et leurs réponses, les formes affirmatives et négatives, les formes actives et passives. Par conséquent nous mettons en parallèle maintenant deux significations de l'aisance : l'une strictement dans le cadre de référence de ce qui a été étudié et assimilé, l'autre montrant que les apprenants dépassent ce cadre et expriment leur confiance dans les transformations à opérer, montrent qu'ils les connaissent et peuvent les utiliser pour générer des « variations » sur les thèmes précédents.

Bien entendu, il y a d'autres sens au mot aisance qui ne sont pas inclus ci-dessus et qui demandent beaucoup plus de familiarité avec la langue que ce que nous regardons ici. Par exemple, une fois que nous avons indiqué clairement ce que recouvrent les mots *donner à*, *donner*, *rendre*, et constaté que les apprenants n'ont pas de problème pour les utiliser, nous n'avons toujours pas les moyens de leur transmettre ce que signifie « donner sa langue au chat » (en anglais « *give in* »), ni abandonner (« *give up* »). Le contexte pour cela est très différent de ce qu'il est possible de montrer avec les réglettes. Donc, quand on mesure l'aisance acquise avec le mot *donner*, il est hors de question d'inclure tout ce que recouvre la série de mots ou d'expressions dérivant de ce verbe. Nous pouvons voir dans ce que nous avons fait au chapitre 7 les ponts proposés pour atteindre cette aisance, et seulement à ce moment-là, tenter d'évaluer si nos apprenants ont progressé jusqu'à ce niveau. Les différentes langues enseignées jusqu'à présent par le Silent Way nous ont posé différents défis. C'est notre choix délibéré de considérer que ce que nous voulons donner à nos apprenants ne recouvre pas en premier lieu le champ social. C'est pourquoi nos apprenants ne montreront, au début, aucune connaissance du vocabulaire habituellement considéré par de nombreux enseignants comme le but de l'apprentissage : les relations culturelles et sociales. Notre priorité n'est pas là. Cette sorte d'aisance pourra être acquise facilement à un certain stade de l'apprentissage, mais cela n'apporte pas aux apprenants ce qui est notre but premier : une entrée dans la langue et dans son esprit.

Ce que nous mesurons comme progrès est la maîtrise des nombreux changements résultant des variations de situations dans le temps, la distance, le nombre, les relations, ainsi que dans les expressions spontanées 1°) qui prennent en compte l'essentiel d'une situation en déclenchant un mot à l'exclusion d'un autre ; qui déclenchent certaines structures et non d'autres et 2°) qui suggèrent les modifications nécessaires aux différentes situations et les transformations des phrases correspondantes quand quelqu'un propose un changement. Ceci, bien entendu, recouvre un nombre immense de phrases, et on doit d'abord avoir atteint la conscience qu'il y a des éléments qui restent stables dans toutes les phrases possibles, et d'autres qui peuvent, et doivent vraiment changer en fonction d'une modification perceptible de la situation. Une fois que la conscience de ce qui est stable est bien en place, on peut mesurer l'aisance en fonction de la rapidité et de l'exactitude des changements. Une fois obtenue la maîtrise des changements que nécessite le système verbal, la seule chose qu'il reste à faire est d'élargir le domaine dans lequel l'apprentissage exigera de nouvelles prises de consciences, et à nouveau l'acquisition de l'aisance.

Par conséquent, nous pouvons imaginer des progrès qui se mettent en place par couches successives d'activités, se succédant dans le temps, et s'intéressant à des points particuliers menant progressivement à la maîtrise de pans entiers de la langue. Une hiérarchie temporelle est nécessaire dans les activités, pour amener aussi rapidement que possible les apprenants vers la plus grande quantité possible de mots, de phrases que les natifs utilisent, dans tous les domaines.

Dans l'approche *Silent Way* nous avons choisi de nous concentrer d'abord sur le vocabulaire qui permet de fonctionner dans la langue, (même si dans ce livre nous avons commencé, bien en amont, lorsque nous avons travaillé sur l'aisance dans la prononciation au tout début, et que nous avons donné la numération comme champs de pratique et d'application des compétences acquises). Le vocabulaire fonctionnel se déploie en même temps que la grammaire de la langue et l'ensemble de ses structures. Donc, en se servant des deux outils de la conscience et de l'aisance, nous pouvons mesurer les progrès dans ce palier-ci, à condition d'exclure de l'exercice, même les noms, les verbes et adjectifs les plus communs, car ils sont superflus pour aider les apprenants à atteindre la maîtrise que nous recherchons. Un verbe tel que *penser* peut être exclu dans ce contexte ; un adjectif comme *beau* également, et bien sûr la plupart des noms. Tout cela sera nécessaire dans un autre palier.

Si l'on retourne au Chapitre 6, on trouve le matériel qui va servir à l'évaluation de ce qui a été atteint en termes d'enseignement. Dans la plupart des langues sur lesquelles nous avons travaillé nous avons environ 12 tableaux de mots, dont deux ou trois sont prévus pour servir de pont entre le palier 2 et le palier 3 et concernent les relations familiales, le calendrier et les relations sociales. Le reste est strictement utilisé pour donner aux apprenants l'aisance dans les structures de la langue et ses particularités. Dans le palier 1, nous estimons que des progrès seront faits pour aboutir au point où presque tous les apprenants sauront décrire une situation spatiale construite avec les réglettes (au cours du palier 2, on les substituera par de nombreux autres objets) ; ils sauront s'y prendre pour aborder la situation et exprimer par une phrase correcte ce qu'ils voient exactement, comme le ferait un natif (ce n'est pas évident au début). Cela implique que la série de mots servant pour les relations dans l'espace (*près de, l'un contre l'autre, séparé de, à travers, sur, sous, au-dessus de, en-dessous de, parallèle, sur son côté, perpendiculaire à, proche, loin, au milieu, à chaque bout, ou à un bout), en équilibre, symétrique, oblique, en forme de tour, en forme de mur, en haut, en bas, entre, à gauche, à droite, devant, derrière, sur le côté* et quelques autres) soit assimilée et se déclenche par ce qui est présenté à la vue des apprenants — il faudra probablement construire plus d'une situation pour chaque mot.

Il y a plusieurs séries de mots dans les tableaux, comme nous l'avons décrit dans le chapitre 6, et on mesure les progrès à ce stade de l'apprentissage, dans ce palier, si les apprenants sont capables de déclencher les mots de cette série, aussi bien que le feraient les natifs ou eux-mêmes dans leur propre langue, face à des composants perceptibles d'une situation, en la décrivant pour remplacer ce que l'on voit par les mots corrects.

Ce palier est de loin le plus important dans l'objectif de libérer nos apprenants, car nous y trouvons l'appui de la grammaire, c'est-à-dire, de ce qui nous donne le canevas des structures qui font tenir ensemble tous les mots spéciaux reflétant la singularité d'une situation donnée. Quand *réglette* est le seul nom, les apprenants voient la structure de la phrase prononcée comme appartenant à *cette* situation particulière et comme reflétant *sa* réalité. Ils pourront aussi la retrouver dans les paliers suivants. En effet, quand on introduira de nouveaux objets, les éléments qui composent l'ancienne phrase seront déplacés vers la nouvelle qu'on veut créer ; ces éléments seront alors reconnus comme plus polyvalents, et pouvant servir de référence pour la structure des phrases, plutôt que pour le vocabulaire général. C'est cette façon de sentir la langue que nous associons aux structures et à la grammaire. Si la prise de conscience a eu lieu, et si les apprenants reconnaissent qu'ils sont à l'aise avec le vocabulaire fonctionnel, tel qu'on l'applique avec les réglettes, nous pouvons dire qu'ils ont appris la grammaire de la langue ; ceci, même si l'on passe à côté des subtilités résultants de concepts spéciaux, et de fines nuances qu'évoquent certains mots, dans certaines circonstances (comme dans le cas de l'ironie). Dans ce palier, on pourra mesurer les progrès en comptant le nombre de structures maîtrisées. Pendant nos cours, nous pouvons veiller à ce que les apprenants surmontent chacune de ces exigences, ce qui aboutira à déclencher spontanément les structures « correctes », y compris des « mots corrects » ; nous pourrons ainsi les voir avancer vers l'étape suivante qu'ils auront à maîtriser.

Il n'est pas nécessaire de créer une occasion spéciale pour un test particulier dans le domaine des langues si nous voulons savoir si nos apprenants ont fait leur part du travail vers la maîtrise, précisément pour les raisons suivantes : 1) les mots qui font fonctionner la langue ne nécessitent pas qu'on les mémorise, et ils sont vraiment intégrés comme on les apprenants le prouvent en réitérant souvent leur usage ; 2) nous avons fait attention de ne pas aller trop vite, tant que les ogdens n'étaient pas payés, ni les séries de mots n'étaient devenus fonctionnels par la pratique. Toutefois, s'ils doivent passer un examen, les apprenants pourront l'intégrer à leur étude à n'importe quelle étape du cursus, car à ce niveau, ils ont appris à travailler par le même processus que le feraient les natifs.

Nous avons indiqué dans les chapitres précédents comment nous pouvons générer la conscience de certaines nuances de sens, et nous comprenons que cela doit être fait non seulement dans un domaine, mais dans chacun de ceux que nous avons couvert grâce au vocabulaire fonctionnel. Par conséquent les prises de consciences mentionnées plus haut pour les *relations dans l'espace* devront aussi être amenées :

- pour les relations temporelles *(après, avant, pendant que, en même temps, pendant, immédiatement, peu après, plus tôt, plus tard, quand, n'importe quand, entre-temps, simultanément, pour un moment, puis, depuis, lentement, rapidement, vite, en rythme, etc.)*,

- pour les relations de cause à effet *(parce que, puisque, quoi, au fait, nécessairement, probablement, apparemment, à coup sûr, certainement, sans doute, en vain, inévitablement, malgré, pourtant, etc.)*,

- pour quantifier *(quelques, un peu, plusieurs, beaucoup de, tout, beaucoup, moins, plus, augmenter, diminuer, une poignée, plein, plein de, y compris, tout compris, une partie de, etc.)*,

- pour l'inclusion et l'exclusion *(membre de, fait partie de, au sein de, sans, sauf, dans, restant, soustrais, supprime, ajoute, élargis, généralise, sépare, rassemble, ensemble, dans un groupe, un à un, deux par deux, etc.),*
- pour généraliser *(ceux qui, ceux que, tous, tous sauf, la plupart, la majorité, chaque, tout le monde, partout, personne, aucun, pas souvent, souvent, au fait, occasionnellement, rarement, il était une fois, fréquemment, de temps en temps, sporadiquement, régulièrement, sur demande, etc.)* et ainsi de suite.

> Les pronoms pourraient être inclus dans cette liste car ils remplacent des classes de noms. Mais nous ne les écrivons pas ici.

Dans le Chapitre 9, nous avons travaillé sur les paliers 2 et 3 et l'essentiel du Chapitre 7 traite du palier 4 parce que nous insistons sur les expressions idiomatiques et les dictons dans la nouvelle langue. Il y a, bien entendu, un palier 5 à propos duquel nous écrirons dans le prochain et dernier chapitre de ce livre.

Ce que nous avons proposé dans le Chapitre 9 pour élargir le vocabulaire, n'incluait pas forcément l'expansion systématique de l'emploi du vocabulaire fonctionnel (à partir des tableaux) comme nous l'avions fait au Chapitre 7. Il est possible de progresser dans l'utilisation de la langue en rendant le vocabulaire fonctionnel disponible quand nous étudions les images et le vocabulaire des « Mille Phrases ».

Pour mesurer les progrès dans ces domaines nous avons d'abord l'outil des feuilles de travail. En effet nous avons vu comment les productions des apprenants peuvent servir de document pour certifier que les apprenants ont : a) acquis plusieurs centaines de mots (principalement des noms, adverbes, et adjectifs) ; b) acquis l'aisance pour les inclure dans leurs propres phrases, en respectant la grammaire de la langue, son orthographe, les significations qu'ils veulent transmettre ; c) acquis la confiance et l'aisance pour produire leurs compositions spontanées sur des thèmes de leur propre choix, à partir de ce que suscite en eux une image.

Quand nous regardons les feuilles de travail, nous pouvons associer des scores numériques à ce qui est fait sur la page 1, la page 2, la page 3, et même si c'est plus difficile, la page 4. Ces chiffres pourraient, si cela était nécessaire, servir de mesure pour les progrès à ce palier de l'apprentissage, et indiquer que tel ou tel apprenant a bien atteint une maîtrise de ce qu'on est en train d'étudier, ou bien est encore en chemin pour y arriver. Ce chiffrage pourra ainsi renseigner l'enseignant sur la sorte et la quantité de pratique dont l'apprenant en question a besoin, pour atteindre la maîtrise recherchée (c'est-à-dire pour atteindre ce qu'un natif moyen est capable de faire, dans l'étude de sa propre langue).

Il ne fait aucun doute que les feuilles de travail procurent des données dans les quatre domaines pour acquérir un certain vocabulaire : elles témoignent qu'ils traitent le vocabulaire comme les natifs en tant que déclencheur d'un ou plusieurs sens ; elles permettent de savoir comment ajouter de nouveaux mots et le vocabulaire fonctionnel dans des phrases correctes et dans certaines conditions définies ; et de savoir comment utiliser tout ce qu'on a à disposition pour produire un texte entièrement de son cru, lié de manière souple à une série de conditions.

Si le dernier test est « quantifié » en comptant les mots utilisés dans la composition, le nombre de mots par phrases, le nombre d'orthographes correctes et de structures correctes, le nombre de mots non-fonctionnels et d'expressions utilisées, nous aurons une évaluation des progrès en termes d'aisance avec chacun des éléments fondamentaux. Mais ce n'est pas tout : grâce à ce test, par exemple les qualités personnelles qui apparaissent à travers l'écriture, telles que le sens de l'humour, l'audace, l'imagination, la pertinence des images, la précision et la concision sont à prendre en compte. Toutes ces qualités ne sont pas faciles à associer à des résultats chiffrés, mais sont néanmoins accessibles à un enseignant, et peuvent certainement servir à indiquer comment les apprenants se relient à la nouvelle langue, et ainsi permettre de mesurer les progrès.

On aurait déjà pu appliquer ceci à ce qui apparaît en page 3 des feuilles de travail. Mais lorsqu'il s'agit des progrès à accomplir grâce au contenu du livre « Les Mille Phrases », il nous faut nous doter de nouveaux outils.

Dans le chapitre 8, nous avons mentionné la traduction en tant qu'instrument éventuellement utilisable, quand nous voulons vérifier si les apprenants ont bien compris le sens d'un exercice lorsqu'il s'appuie uniquement sur un texte. Cela pourrait être utilisé ici aussi, mais il se peut que ce soit inutile en tant que moyen d'évaluation pour un enseignant ne connaissant pas la langue ou les langues de ses apprenants. Donc, la traduction n'a qu'un rôle très réduit à jouer dans l'évaluation, bien qu'elle soit parfaitement adéquate pour une mesure précise de la compréhension du contenu d'un livre.

Si la relation d'un enseignant à sa classe est telle que la confiance existe, et à condition que tous les apprenants aient bien saisi l'importance de la contribution de chacun au travail des autres pour progresser, il se peut qu'un simple signe de la tête des apprenants, répondant à la question « avez-vous compris la signification de cette phrase ? » soit suffisant pour permettre à la classe de passer à l'exercice suivant. Le nombre de « oui » pouvant être compté, ainsi que celui de phrases lues, ce nombre peut servir de mesure d'évaluation dans ce palier d'apprentissage.

Pour ceux qui n'acceptent pas cela comme moyen d'évaluation, il nous faut fournir une approche différente. Nous savons déjà que chaque phrase peut être lue à haute voix, et nous pouvons faire le bilan du nombre d'intonations manquées, de la présence ou de l'absence du ton et de la mélodie. Ces chiffres se réfèrent à l'action de lire qui peut être qualifiée de « parfaite » lorsqu'elle égale en qualité celle d'une bonne lecture d'un natif.

Quant à évaluer la compréhension, l'enseignant peut parfois faire un dessin, trouver une coupure de journal ou faire une construction avec des réglettes pour suggérer le sens. D'autres fois faire une paraphrase ou une expression équivalente pourra suffire ou donner une définition.

 On parle ici d'évaluation formative, de retour d'informations dont le formateur a besoin pour savoir à quel rythme emmener son groupe plus loin dans la langue.

Pour garantir l'évaluation des progrès en compréhension d'un texte écrit (qui ne se réfère ni à une action que l'on peut mettre en place, ni à des choses que l'on peut produire concrètement ou reproduire par des photocopies; ni à des notions qui peuvent être montrées par un croquis, ni à une classification ou un tableau, mais se réfèrent à des résumés d'expériences et des éléments de la vie intérieure) nous devons accepter d'attendre que les apprenants utilisent eux-mêmes spontanément les mots, les phrases et proverbes qui ont vraiment du sens pour nous. Alors seulement, nous pouvons conclure qu'ils ont atteint le niveau d'aisance dans ce palier. S'il nous est nécessaire de rendre compte davantage et d'évaluer ce qui a été vraiment acquis, nous pouvons collecter en permanence les phrases que les apprenants créent et les classer selon l'aisance dont elles témoignent. Ceci, bien entendu, sera le cas pour le palier 4 quand on devra évaluer l'impact de ce que nous avons fait dans le chapitre 7. Mais cette démarche est aussi présente dans le palier 3.

Un examen que nous ne ferions **absolument pas** serait de donner *a priori* une série de mots et de poser des questions pour savoir si les apprenants savent comment les utiliser. Un tel examen impliquerait notre jugement sur ce que les apprenants devraient connaître de la langue plutôt que sur ce qu'ils ont fait jusqu'à maintenant. Cela montrerait plus ce que les apprenants n'ont pas encore acquis, (ou plutôt ce qu'ils ne sont pas encore disposés à produire) que ce qu'ils savent vraiment. Pour « mesurer » les progrès il s'agit beaucoup plus de déterminer ce que les apprenants ont vraiment fait, et non la distance qui les sépare d'un natif cultivé de cette langue.

Dans tout notre travail, nous avons été guidés par ce que nous appelons **le bon sens**. Si nous voulons savoir ce que l'apprenant sait, quel serait l'intérêt de mesurer ce qu'il ou elle *ne sait pas* ? Dans le cas d'un certain tout qui peut être divisé en deux parties complémentaires l'une de l'autre, trouver l'une équivaudrait à trouver l'autre. Mais, du fait que les langues ne sont pas ce genre de tout, et que la connaissance peut signifier beaucoup de choses, il nous faut développer les sensibilités qui nous amèneront au point où nous pouvons dire que certaines prises de conscience nécessaires pour progresser dans l'étude d'une langue sont faites ; et au moment où nous pouvons dire aussi que concernant ces consciences linguistiques particulières que l'aisance de tel niveau est atteinte ; tout ceci dans le but de suggérer des exercices qui conduisent vers des maîtrises encore plus avancées se rapprochant de celles des natifs.

Le terme « les natifs » est censé être représenté dans la classe par l'enseignant, et non par l'écrivain le plus talentueux de cette langue. Le niveau linguistique des enseignants sert de critère pour celui que nous sommes censés atteindre avec nos élèves. Si les élèves peuvent être aussi bons que leur enseignant, nous devons exprimer notre satisfaction.

Au début de ce livre, nous nous sommes référés plusieurs fois à ce critère et avons pensé que c'était une mesure raisonnable de ce vers quoi nous pouvons tendre dans les domaines de la prononciation, de la fluidité des mots, de la numération et de l'arithmétique. Le même critère est valable tout au long de cet ouvrage, parce que nous nous occupons d'enseigner dans le milieu scolaire et parce que les enseignants de langues sont recrutés parmi ceux qui postulent pour des postes, et qu'ils sont ce qu'ils sont, et pas forcément les linguistes ou écrivains les plus compétents d'une communauté linguistique.

« Mesurer » les progrès de manière absolue est une chose qui nous dépasse et nous ne devrions même pas essayer de le faire. Au lieu de cela, nous avons tenté de mesurer le genre de progrès qui est possible, en partant de la durée effective de l'effort pour apprendre une langue, et en partant aussi de la sorte d'enseignant disponible, des outils utilisés, et de la population d'apprenants concernés. Cela nous a conduit à observer dans tout ce qui se passe dans une classe, au moment où ça se passe, les preuves de l'apprentissage qui doivent être prises en compte si nous voulons être justes envers nos apprenants. En utilisant le feedback permanent de ce qui se passe dans la classe, non seulement nous savons ce que nous sommes en train de faire (ici le mot « nous » représente les apprenants et les enseignants), mais encore nous découvrons ce qu'il est nécessaire de faire pour améliorer l' « efficacité » c'est-à-dire faire des progrès. Notre silence (en tant qu'enseignant) garantit au moins l'objectivité des preuves d'apprentissage, qui ne peuvent venir que des apprenants.

Chaque exercice suggéré dans le chapitre précédent réaffirme le principe selon lequel seul ce qui est produit par les apprenants peut compter dans notre évaluation de ce que nous proposons dans nos cours. De ce fait nous devons avoir à notre disposition les preuves pour justifier de la manière dont nous sommes arrivés au point où nous en sommes maintenant. C'est cette preuve que nous voulons apporter à l'examinateur, particulièrement si nous sommes nous-même l'examinateur. Le problème de l'évaluation devient alors celui d'ajouter une approche systématique aux preuves, et dans le présent chapitre, c'est ce que nous avons essayé d'expliquer, jusqu'au 5ème palier, lequel sera traité dans le prochain chapitre.

Nous savons que nous pouvons équiper chaque enseignant de Silent Way avec les moyens d'évaluer les progrès en permanence, car les mêmes techniques qui sont utilisées dans l'enseignement sont celles qui produisent les preuves de l'apprentissage. Les enseignants doivent seulement devenir conscients de cela pour trouver les moyens de ne pas perdre les preuves, et même de vouloir mieux les comprendre et les recueillir pour en faire une recherche appliquée. Une fois disponible, cette collecte peut être présentée comme documentation témoignant de ce qui s'est passé dans la classe. Cela comblerait aussi l'écart qui existe dans toute évaluation, parce qu'elle est effectuée à une ou deux occasions ponctuelles et n'est pas en mesure de couvrir tout le champ de l'apprentissage, alors que ce que nous recommandons le permet.

En conclusion, il nous reste seulement à ajouter que le Silent Way est le meilleur examen qui ai été jamais été développé car il évalue en permanence — et par conséquent de façon juste — ce que les apprenants ont effectivement produit pour eux-mêmes, par eux-mêmes, et dans le temps imparti, en contact avec les défis d'une nouvelle langue et avec leur enseignant. Le matériel et les techniques à la fois enseignent et évaluent, si bien que les apprenants peuvent apprendre de manière significative, sans qu'ils se sentent perdus ni intimidés.

Les enseignants doivent seulement récolter les preuves de l'apprentissage, les étudier et les classer, afin qu'elles deviennent une évaluation publique de ce qui s'est passé dans les cours de langues dans le milieu scolaire ou le lieu de formation.

11 –
Les instantanés et les contes

En tant qu'enseignants, nous avons la responsabilité de nos apprenants aussi longtemps qu'ils sont dans nos classes. Pour nos apprenants, la responsabilité est continuelle et permanente et ne s'arrête pas au moment où nous les quittons. Ils peuvent avoir toutes sortes d'intentions, de rêves et d'objectifs ; et ils peuvent fort bien souhaiter aller beaucoup plus loin que ne vont leurs enseignants et que le programme ne leur propose.

Par conséquent nous donnerons, en gardant notre bon sens, une limite à notre responsabilité en tant qu'enseignants et nous l'appellerons « l'ouverture finale », finale pour nous, mais pas pour nos apprenants.

Dans l'approche Silent Way, nous considérons que notre travail est terminé quand nous amenons nos apprenants indépendants, autonomes et responsables, à franchir le seuil de la littérature, à leur laisser tout ce champ ouvert, mais sans aller plus loin avec eux. Dans le but de libérer les apprenants des dernières limites pour qu'ils se sentent aussi légitimes que les natifs à choisir n'importe quel livre et à se relier au mot écrit comme ils le font dans leur propre langue, il nous a fallu ajouter deux livres au recueil des « Mille phrases ».

Dans ce dernier les apprenants ont abordé des phrases l'une après l'autre, et l'auteur a tenté de faciliter l'entrée dans un livre en utilisant aussi souvent que possible le système de la définition. Maintenant, l'auteur veut être libre de traiter chaque sujet comme il le mérite, et refuse d'être limité par le vocabulaire et la forme. Toutefois, on peut tenir compte d'une variable supplémentaire pour montrer que le contact avec les apprenants n'a pas été perdu ; il s'agit de la somme de matériel écrit que nous pouvons leur proposer. Le texte est constitué de nombreuses phrases, mais sans leur imposer un énorme fardeau. Ainsi, les « Trente-six instantanés » sont la solution que nous avons trouvée, et ce n'est pas un livre plus épais que « Les

Mille Phrases ». « Les trente-six instantanés » offrent trente-six « tranches de vie » qui ont été écrites spécialement pour les apprenants du Silent Way et qui ont une fonction spéciale dans l'ensemble de cette approche. Le second volume comporte « Huit contes » qui, bien que n'ayant pas été écrits spécialement pour le Silent Way y ont trouvé tout naturellement leur place comme derniers pas à franchir avant d'ouvrir toutes les bibliothèques à nos apprenants. Nous traiterons de ces deux livres séparément et donnerons plus d'attention au premier (Trente-six instantanés) parce que le deuxième est déjà de la littérature et représente l'autre versant de cette phase finale, tandis que le travail sur le premier sera tout à fait profitable.

TRENTE-SIX INSTANTANÉS

Leur taille varie de 200 à 900 mots. Les thèmes abordés sont d'une grande variété, allant de quatre histoires d'enfants et d'adolescents à celle d'un ermite sur un glacier. Elles comportent des thèmes de la vie sociale tels que le bien-être, les voyages, le commerce ; des évènements sociaux tels que des concerts, faire des achats, être en consultation chez le médecin, avoir une nouvelle robe, acheter des timbres ; vivre des catastrophes naturelles comme des orages ; des villages qui se retrouvent isolés, la mort par noyade ; des évènements étranges tels qu'un poisson qui échappe à un pêcheur, un client en colère, une personne timide, deux amis sans langue commune, un héritage inattendu et des évènements plus courants ; se reposer près d'un feu, apprendre à ne pas couper la parole, une scène chez le barbier, à la recherche d'un emploi, aimer faire de la vitesse sur l'autoroute, une équipe de joueurs de bridge ; des préoccupations singulières comme collectionner des livres rares, vouloir prendre un repas à Paris ; ne pas se laisser embobiner par un ami, s'occuper dans la salle d'attente d'un médecin, et quelques autres difficiles à classer.

C'est un livre que les apprenants peuvent adopter en tant que lecteur, et utiliser chez eux.

Ce livre pourrait aussi être adopté par une classe, lu en classe et travaillé de différentes manières comme nous allons bientôt le voir.

Du fait qu'il n'y a pas de restriction de vocabulaire, ce n'est pas du tout artificiel. Les histoires sont presque toutes à propos d'évènements qui sont vraiment arrivés, mais sont traitées comme des récits pour atteindre les lecteurs et les marquer. Elles ont l'intention de toucher les lecteurs, pour les faire réfléchir, pour leur donner envie de parler, pour poser des questions, pour commenter, pour se relier au sujet, pour sentir qu'il peut y avoir quelque chose à apprendre d'elles en plus du vocabulaire, de la ponctuation, et de la forme des phrases. Par exemple, elles peuvent donner aux apprenants des idées sur la manière d'écrire des petites histoires, comment entrer dans un sujet, comment terminer un récit ou le laisser en suspens, comment utiliser les mots pour produire des images, comment titiller un lecteur par une suggestion ou le provoquer avec une proposition incroyable, comment mélanger des idées des images et des sons par une sélection de mots ou par la longueur des phrases. Chaque récit aura quelque chose de différent à offrir parce que c'était l'intention délibérée de l'auteur d'amener les lecteurs à être touchés dans leur affectivité aussi bien que dans leur intellect. La technique impressionniste des petits points juxtaposés, pour générer un impact, est utilisée en permanence et produit ainsi les effets désirés.

Les petits textes de ce livre sont des fins en soi ; leur but est de justifier le temps que les apprenants voudront bien leur consacrer par les différents bénéfices que les lecteurs y trouveront. Les enseignants pourraient s'appuyer sur ces histoires, en premier lieu parce qu'elles existent, deuxièmement parce qu'on peut les traiter en un seul cours, et troisièmement parce qu'en général elles ne laisseront pas les apprenants indifférents. L'étendue des sujets abordés sera aussi une aide : ils peuvent contenir quelque chose pour tous les goûts et tous les âges. Les différents usages qu'on en a fait ici et là jusqu'à présent tendent à confirmer cette réaction.

Nous ne considérons pas ces textes comme des occasions de transformer les apprenants en critiques littéraires dans le sens auquel les textes classiques étudiés en classe ont tendance à le faire.

Leur rôle est de procurer :

1- une lecture continue qui soit gérable, même si plusieurs mots ne font pas partie du vocabulaire du lecteur et devront être cherchés dans un dictionnaire bilingue ou de la langue étudiée,

2- des moyens de décider si une phrase dans la nouvelle langue, une fois lue, produit ou non un effet sur l'esprit du lecteur comme la lecture dans sa propre langue le fait, c'est-à-dire génère des images, des sentiments et des pensées que l'on peut confronter à ses propres expériences,

3- des exemples de phrases qui répondent à des exigences au-delà du vocabulaire, de l'orthographe, de la grammaire ou même au-delà des références littéraires telles que le style, la finesse de l'expression, la capacité à émouvoir, la contribution à créer un climat spécifique,

4- des exemples de descriptions, de discussions, de présentations d'un point de vue, d'argumentations, de tentatives pour inspirer, pour toucher ou mobiliser, pour circonscrire une problématique, pour caractériser des personnes ou des circonstances,

5- des exemples de la manière d'accrocher le lecteur, du rôle de la première phrase pour provoquer une sorte de « déclic » pour qu'il ait de quoi rester dans la réflexion après la lecture,

6- et en fin de compte, ils procurent une occasion de constater ce qui n'a pas encore été fait jusqu'ici, et d'inviter le lecteur à partir à la recherche de ce qui lui manque pour satisfaire sa soif d'apprendre, selon son unicité et l'unicité de sa vie.

Peut-être qu'il n'y aura pas beaucoup de temps dans un cursus de seconde langue pour approfondir toutes ces recherches. Chaque enseignant pourra être confronté à des situations particulières soit personnelles soit au sein de ses classes, et choisira d'entrer ou non dans l'une ou l'autre des activités suggérées, ou d'en inventer de nouvelles. Ce que nous pouvons faire ici, c'est travailler sur un exemple, pour ouvrir des voies qui puissent conduire à une évaluation précise de ce que les apprenants font, à ce niveau-là.

« MARC ET THÉRÈSE »

Dans leur classe, il y avait quelques garçons et quelques filles qui s'intéressaient bien davantage à leurs camarades qu'à tout ce que leur professeur pouvait leur proposer. Marc et Thérèse croyaient tous les deux qu'ils étaient amoureux l'un de l'autre. Thérèse était jolie, sa silhouette était légère. Marc essayait d'être élégant et accordait beaucoup de soin à son aspect extérieur. Il allait chez le coiffeur toutes les semaines, s'achetait des chemises et des pantalons pour pouvoir se changer souvent alors que la plupart de ses amis se contentaient de porter les mêmes vêtements pendant un certain temps.

Thérèse voulait que Marc s'occupe d'elle et qu'il soit pour toujours son chevalier servant. Marc voulait bien, aussi longtemps que sa vanité était satisfaite, mais il refusait d'accéder aux désirs de Thérèse dès qu'il estimait que cela le rabaissait dans son amour-propre. A première vue, il semblait que ces deux jeunes, engagés à la poursuite de ce qu'il y a de meilleur dans la vie, n'auraient pas de peine à s'entendre. Mais la vie a ses propres exigences qui mettent chacun de nous à l'épreuve, sans se préoccuper de savoir si nous sommes intelligents ou contents de nous. Thérèse croyait fermement qu'elle avait des droits sur tous ceux qui la regardaient avec admiration. Marc avait cédé pendant un certain temps, ce qui la renforçait dans son idée. Thérèse s'attendait à ce que tout le monde accepte d'emblée son point de vue ; ainsi fut-elle très malheureuse le jour où, le plus naturellement du monde, Marc répondit par un sourire à une camarade qui le trouvait intéressant.

Thérèse assistait au cours, mais son esprit était ailleurs. Le sourire de Patricia, et le sourire que Marc lui avait adressé en retour, échange entre deux camarades de classe, était pour Thérèse un sujet de tourment. Elle se sentait trompée, tout son amour et toute sa vie étaient en danger. Elle dut faire un gros effort sur elle-même pour ne pas éclater en pleurs et même crier de douleur en découvrant que le chevalier qui lui avait donné sa parole pouvait être un tel traître. Marc sentit l'énorme tension qui s'accumulait dans son voisinage. Il en savait la cause puisqu'il avait souri à Patricia pour la première fois avec une complicité qu'il voulait cacher à Thérèse.

Leur conversation « *sotto voce* » dura pendant toute la leçon. Thérèse était complètement absorbée par son chagrin, et pour elle, le monde se réduisait à Marc, Patricia et elle-même, bien que la manière dont elle contrôlait son attitude empêchât le professeur de remarquer quoi que ce soit.

Marc essayait d'être fidèle à lui-même dans ses réponses, et refusait de reconnaître qu'il se considérait comme un traître, ce qui était tout ce que Thérèse attendait de lui.

Il aurait pu regagner sa confiance s'il avait promis de ne plus sourire à Patricia, qui soudain, était devenue la rivale de Thérèse. Au lieu de cela, il refusa d'admettre qu'elle avait, par son intuition, deviné ce qui se passait en lui quand il avait souri. Ce qui fit le plus de chagrin à Thérèse, c'est de voir que le garçon qu'elle aimait le mieux refusait de reconnaître qu'elle avait compris tout ce qui se passait dans leurs cœurs.

Une fois la leçon terminée, Thérèse tira Marc par la main et l'amena dans un coin isolé du préau. Avec violence, elle déversa son chagrin, mais ne réussit qu'à provoquer en Marc les plus mauvaises réactions. Ses réponses étaient dures et méchantes. Sa sympathie diminuait de minute en minute. Thérèse eut tout juste la force d'aller jusqu'à la salle des professeurs pour demander la permission de s'absenter pour le reste de la journée.

A la maison, elle s'enferma dans sa chambre, pleurant son amour perdu, et prête à pardonner, si seulement il ...

Pendant ce temps, Marc commença à faire la cour à Patricia, qui, alors, lui semblait tellement plus attirante que Thérèse ».

Il y a dans ce petit texte un certain nombre d'éléments pouvant servir aux apprenants à entrer dans la langue pour y trouver une meilleure compréhension de leur réalité. Les mots imprimés perdent un peu de leur fugacité grâce à l'encre restant sur le papier, mais ils ne deviennent vivants que parce que nous nous relions personnellement à eux, parce que nous les transformons en sons et les animons de l'intérieur. Pour autant, les mots ne sont que des déclencheurs d'états mentaux éphémères, l'un remplaçant l'autre, et qui se bousculent inconsciemment, en générant collectivement un climat pouvant avoir un impact plus durable que n'importe quelle impression ou image.

Cela peut se « mesurer » simplement en regardant l'heure, pour voir combien de temps tel ou tel apprenant maintient son intérêt pour ce que lui apporte le texte lu.

Si les apprenants manifestent leur intérêt, des questions littéraires peuvent émerger et être reliées à l'étude du texte pour faire apparaître la pensée de chacun.

Par exemple : Est-ce qu'un des apprenants est amené à penser à lui-même à la lecture du texte, plutôt qu'au trio de l'histoire ? Est-ce qu'un lecteur commence par dire « Cela me rappelle ... » ? « Je sais ce qu'un tel ressent : je suis passé par là moi-même une (ou plusieurs) fois... ». Cela donne **une preuve objective** de ce que la lecture d'un texte provoque chez les lecteurs.

Si au contraire quelqu'un dit « Alors que je peux me faire une image de Marc et de Thérèse, je ne trouve aucun élément pour cerner Patricia ». Ce lecteur montre qu'il est resté concentré sur le texte et l'a analysé au point de connaître quelque chose de certain à son sujet. L'enseignant pourrait lui demander : « Pensez-vous que cela ait été volontaire de la part de l'auteur ? » ou pensez-vous que l'auteur, en restreignant toute information sur Patricia, nous oblige à garder notre attention sur autre chose qu'il a à l'esprit ? De cette manière, l'apprenant ou la classe trouvent une raison supplémentaire de travailler ce matériel plus en profondeur.

Le fait de trouver dans un texte les éléments qui font émerger leur pensée est ce qui aidera les apprenants à développer leur esprit critique et à mieux apprécier les productions littéraires.

Les enseignants chercheront des questions capables de stimuler chez les apprenants l'envie de chercher ces preuves de l'éveil de leur pensée. Voici quelques exemples possibles pour ce texte :

- Est-ce que l'auteur laisse les faits parler par eux-mêmes ou est-ce qu'il manipule le récit pour imposer au lecteur ses croyances ou son expérience, alors qu'il aurait pu choisir de ne pas le faire ? Que pensez-vous d'une phrase telle que « *Mais la vie a ses propres exigences qui mettent chacun de nous à l'épreuve, sans se préoccuper de savoir si nous sommes intelligents ou contents de nous* ».

- Que savons-nous de Marc ? De Thérèse ? Est-ce que l'attention est portée plus sur l'un que sur l'autre ? Qui a une personnalité plus complexe que l'autre ? Avez-vous des impressions sur eux que vous pouvez mettre en mots ? ou des impressions à leur sujet qui vous viennent à l'esprit lorsque vous évoquez chacun d'eux ?

- Quelles sont les phrases qui vous frappent parce qu'elles ont des qualités contribuant à créer :
  a- un climat particulier pour l'histoire ou pour certains de ses moments,
  b- un aperçu particulièrement pertinent de vous-même, des autres, et du fonctionnement de l'esprit, à propos de la passion, ou bien de l'égocentrisme,
  c- des images pouvant être qualifiées de vives, ternes, floues, complexes, ou pouvant être mises en exergue,

d- des informations sur la situation ou les personnages ?
- Pouvez-vous répondre aux questions suivantes et étayer vos réponses par des preuves :
a- Quel âge ont les héros de l'histoire ?
b- Quel est leur statut social ?
c- Comment se passait l'enseignement pendant leur cours ?
d- Dans quelle sorte d'école se trouvaient-ils ?
- Y-a-t-il seulement des problèmes concernant les relations amoureuses dans les situations de ces personnages ? Ou bien peut-on détecter d'autres problèmes ? qu'est-ce qui le montre ?
- Pouvez-vous dans ce court passage détecter des façons de travailler de l'auteur, produisant des sentiments que vous pourriez qualifier d'esthétique, qui auraient du sens pour vous, qui pourraient élargir votre conscience de qui vous êtes et de votre manière d'être en relation ? Pouvez-vous citer les éléments du texte qui provoquent ces différents sentiments ?
- Au bout de combien de phrases vous êtes-vous intéressé à l'histoire ? La première phrase joue-t-elle un rôle particulier dans l'esprit de l'auteur ? Est-ce aussi le cas des premières phrases des autres textes de ce livre ? Est-ce le cas pour tous les instantanés ? Est-ce que l'auteur peut se permettre de décourager les lecteurs dès le début ? Ou est-ce du simple bon sens que les premiers mots d'une histoire doivent avoir pour qualité de capter l'attention de quiconque y jette un regard ?
- Pouvez-vous trouver quelles sont les qualités capables de transformer des phrases finales pour qu'elles laissent au lecteur d'un texte un impact certain. Commencez par celle de ce texte, ensuite regardez d'autres textes de ce livre, et quand c'est possible observez la fin des instantanés.
- Regardez à nouveau les différents paragraphes de ce passage. Comprenez-vous pourquoi l'auteur les a séparés les uns des autres ? Trouvez-vous qu'ils s'équilibrent les uns par rapport aux autres ? Trouvez un maximum de preuves pour critiquer ou justifier l'utilisation des paragraphes comme moyens d'amener les lecteurs vers le but que s'est fixé l'auteur.
- Pouvez-vous envisager qu'un auteur soit quelqu'un qui prenne la responsabilité de ce qu'il nous confie sur le papier ? Qu'il le fasse

délibérément, c'est-à-dire qu'il choisisse ce qu'il est nécessaire de dire ou de ne pas dire ? Qu'il choisisse la longueur de l'histoire, les paragraphes, les phrases et les mots qu'il utilise à cause de leur sonorité, leur capacité à déclencher des images, des sentiments, des pensées ? En particulier, d'utiliser des procédés littéraires, pour garder l'intérêt des lecteurs, pour les engager affectivement, intellectuellement, socialement, pour augmenter certains effets et en réduire d'autres ? Si c'est le cas, vous avez des critères valables pour entrer en relation avec un auteur à travers un texte ; bien entendu, si vous le voulez !

Il se peut que d'autres questions émergent chez des professeurs qui veulent donner une formation littéraire dans une nouvelle langue. Par exemple, pour voir si, traduire ces petites histoires aiderait à donner une conscience accrue d'une langue et s'approcherait plus de ce qu'un texte a à offrir, et puis dans un deuxième temps suggérer différentes traductions.

Dans d'autres contextes, les enseignants peuvent vouloir aborder du vocabulaire qui ne se réfère pas à des objets, ou qui soit utile dans certains domaines comme les sciences humaines, la conscience de l'esthétique, la réflexion et le développement de l'intellect. Dans ce livre il y a un certain nombre de passages pouvant être des occasions pour ce genre de développements, au-delà de l'aspect littéraire et concret.

Si on prend l'exemple du genre « tranches de vie » représenté dans ce livre, les enseignants pourraient encourager leurs étudiants à chercher des occasions de saisir par l'écrit ce qui est singulier dans la vie familiale et courante, et à développer avec les travaux d'autres étudiants, la trame de ce qui vaut la peine d'être conservé.

Le livre des « Trente-six instantanés » n'est pas un recueil de nouvelles. Pour ça nous avons le livre des « Huit contes » qui est proposé aux apprenants comme contribution complémentaire pour l'éducation à la littérature dans la nouvelle langue.

Qu'ils l'adoptent ou non ce dernier, les apprenants voudront savoir s'ils ont progressé dans la langue suffisamment pour rester en contact des subtilités et des exigences d'un écrit plus long. Mais puisqu'un conte offre un cadre de référence différent de ce qu'offraient les « Trente-six instantanés » (qui traitaient de presque n'importe quel sujet), un contact avec des contes leur fera prendre conscience qu'ils peuvent, grâce à un passage plus exigeant, explorer beaucoup plus de choses et se sentir inspirés et récompensés du long effort qu'ils ont fourni.

Les « Huit contes » ont été écrits pour des lecteurs de tout âge et ont plusieurs fonctions d'éducation. Ils présentent des ouvertures culturelles à travers les 4 contes orientaux. Ils comprennent les traitements symboliques de thèmes de la vie, introduits dans le contenu des histoires. Ils donnent carte blanche à l'imagination et à des outils littéraires que les conteurs utilisent. Ils recouvrent une étendue de l'espace-temps si souple que, malgré les apparences, ils transcendent les cultures et les civilisations. Ils invitent à rêver et à réfléchir et ils ajoutent à notre vie ce qu'on peut faire dans le royaume de l'imaginaire. Elles ont pour but de ramener le lecteur à lui-même, bien qu'ils prennent le chemin d'expériences étranges.

On pourra approfondir des questions littéraires simplement parce qu'il y a plus d'occasions dans un texte plus long. Par exemple, comment l'auteur s'y prend-il pour garder l'intérêt du lecteur aussi longtemps ? Quels procédés littéraires sont utilisés pour faire avancer le récit et continuer à le faire progresser. Comment peut-on décider si on en a dit assez ? est-ce qu'on aurait pu en dire plus ? Quels sont les critères utilisés par l'auteur pour sentir que ce qui a été fait en vaut la peine, ainsi que la manière dont cela a été fait ?

Parce que ces trois livres font partie du matériel Silent Way, on pourra aussi observer la latitude donnée à un auteur lorsqu'il a plus d'espace pour écrire ce dont il peut avoir envie ; pour le lecteur, cela concerne les thèmes abordés ; pour l'auteur, la réalisation de son idée d'un ouvrage littéraire, qui pourrait avoir pour but d'être une œuvre d'art, une œuvre d'amour !

Il est clair qu'en abandonnant de plus en plus les contraintes, on sert aussi bien les lecteurs que les auteurs. Quiconque examine ces trois livres expérimente tout de suite la souplesse d'écriture au sein de conditions adaptables, et on peut extrapoler l'écriture des instantanés vers celle de romans, de toute taille. Face à de nouvelles possibilités, les textes s'allongent, les exigences augmentent et les auteurs doivent trouver en eux-mêmes des ressources qui n'avaient jusqu'alors pas été sollicitées. Les étudiants en littérature pourront faire l'expérience des possibilités ainsi que des exigences, les deux faisant partie de leur cursus, en tant qu'écrivains et en tant que lecteur sensible.

Dans la proposition initiale de l'approche Silent Way, l'ouverture finale sur la littérature de la nouvelle langue comprenait une série de trois anthologies. Quinze ans plus tard, le projet n'est pas encore une réalité publiable bien que le travail préliminaire soit déjà fait pour trois langues. Ici, nous ne parlerons pas de leur fonction telle que nous la concevons dans l'enseignement littéraire des étudiants en langues étrangères. Ceux qui sont intéressés par cette question peuvent lire dans le Chapitre 4 de notre livre « *Teaching Foreign Languages in Schools* » ce que nous avions à dire dès le début et qui, dans les grandes lignes, reste notre point de vue en la matière.

Nous avons été guidé pour notre ouverture finale et dans tous les chapitres précédents par ce qui nous semble être de bon sens. C'est du bon sens parce que cela vient naturellement à l'esprit de quiconque reste en contact avec le défi en question. Pour nous, le simple fait de travailler avec des personnes et de leur laisser la responsabilité d'atteindre constamment un sentiment de naturel avec la nouvelle langue, nous dicte d'éviter les idées brillantes et de nous concentrer plutôt sur des tâches bien particulières qui libèrent les étudiants de manière précise, de plus en plus.

La langue n'est pas plus du vocabulaire à mémoriser que des structures à pratiquer ou des expressions à assimiler. C'est un fonctionnement de l'humain aussi vaste que tout ce qu'il expérimente et peut exprimer. Outre les mots, il y a la richesse des dynamiques intérieures qui les accompagnent, les précèdent dans le cas des écrivains et les suivent dans le cas des lecteurs. L'ouverture à la littérature donnera aux étudiants la certitude que tout ce qu'un être humain peut exprimer dans sa langue maternelle peut aussi l'être dans la nouvelle langue, à condition que quelqu'un l'ait déjà fait dans la littérature de cette langue cible. Si ce n'est pas le cas, cela fera partie de l'évolution de cette langue de s'engager dans les innovations nécessaires à cela.

Bibliographie

« Teaching Foreign Languages in Schools » publié en 1963 – Ed. Educational Explorers Ltd, 2ème édition 1972, reprise Educational Solutions Inc. 1978. Nouvelle édition, Educational Solutions Worldwide 2005 et 2010

« Ces enfants nos maîtres – ou la subordination de l'enseignement à l'apprentissage » Caleb Gattegno – Ed. Delachaux et Niestle 1972

« De L1 et L2 – De l'apprentissage des langues » – Séminaire de Caleb Gattegno retranscrit – Ed. UEPD 1984

« La lecture en couleurs – Guide du maître » C. Gattegno – Ed. Educational Solutions Inc. 1976

« L'univers des bébés » Caleb Gattegno – Ed. Educational Solutions Inc. 1973. Traduction – UEPD 1992

« Connaître ses enfants tels qu'ils sont » Caleb Gattegno – Ed. Educational Solutions Inc. 1988. Traduction – UEPD 1996

« Comprendre l'apprentissage pour mieux enseigner » Roslyn Young – Ed. UEPD 2012

« La science de l'éducation Chapitre 13 : l'apprentissage et l'enseignement des langues étrangères » Caleb Gattegno – Ed. Educational Solutions Inc. 1987, Educational Solutions Worldwide, 2011

Autres ouvrages

Le Dr. Gattegno a publié 14 livres et de nombreux articles.

Ceux qui ont été publiés en anglais sont accessibles en ligne gratuitement sur le site https://**issuu**.com

Certaines traductions sont disponibles en japonais et en français. On peut les trouver sur les sites :

Duo Flumina
https://www.duoflumina.com

UEPD - Une éducation pour demain
https://boutique.uepd.org/page/865603-accueil

De nouvelles publications et vidéos sont produites en permanence par les enseignants qui continuent à développer cette pratique.

Voir le **site** :
https://silentway.online

Voir la **chaîne Silent Way sur YouTube** :
https://www.youtube.com/channel/UC-ZAS7ksWJrKKLnZR_qskYw/videos

Pour se procurer les outils Silent Way

Les outils sur supports physiques décrits dans ce livre comprennent le Fidel et les tableaux de mots. Il est possible de se procurer ces panneaux et d'autres chez deux fournisseurs : Pronunciation Science Ltd et UEPD. Il convient de choisir en fonction de ses besoins.

Pronunciation Science Ltd
https://www.pronunciationscience.com
Depuis 2017, et avec l'autorisation d'Educational Solutions Worldwide, PronSci a développé des panneaux Silent Way pour trois niveaux d'étudiants :
- Français FLE-Alpha pour débutants non lecteurs dans leur propre langue,
- Français Silent Way pour débutants déjà lecteurs dans leur propre langue,
- Français Silent Way Plus pour étudiants plus avancés (cet ensemble comporte le panneau de verbes).

UEPD - Une éducation pour demain
https://boutique.uepd.org/page/865603-accueil
UEPD vend la version 2008 des panneaux.

Formations de formateurs en ligne et en présentiel

Aster Formation
https://www.aster-formation.com

Pronunciation Science Ltd
https://www.pronunciationscience.com

Silent Way
https://silentway.online

UEPD - Une éducation pour demain
https://www.uneeducationpourdemain.org

Table des matières

REMERCIEMENTS

PRÉAMBULE

NOTE AUX LECTEURS

INTRODUCTION DE CALEB GATTEGNO

Chapitre 1 -	Libérer les apprenants	1
Chapitre 2 -	L'élément le plus fondamental	13
Chapitre 3 -	L'étape suivante	23
Chapitre 4 -	La perception	29
Chapitre 5 -	Indépendance, autonomie et responsabilité	39
Chapitre 6 -	Usage des réglettes et des tableaux muraux	49
Chapitre 7 -	Pratiquer le vocabulaire structurel	67
Chapitre 8 -	Lire et écrire dans la nouvelle langue	83
Chapitre 9 -	Enrichir le vocabulaire	89
Chapitre 10 -	Evaluer les progrès	113
Chapitre 11 -	Les « instantanés » et les contes	129

BIBLIOGRAPHIE   141

ISBN 978-0-9568755-3-2
Imprimé par Books on Demand